Impressum
Verlag: BABADADA GmbH, Nedderfeld 112 , 22529 Hamburg
Geschäftsführer / Verlagsleitung: Harald Hof
Druck: Books on Demand GmbH, In de Tarpen 42, 22848 Norderstedt

Imprint
Publisher: BABADADA GmbH, Nedderfeld 112 , 22529 Hamburg, Germany
Managing Director / Publishing direction: Harald Hof
Print: Books on Demand GmbH, In de Tarpen 42, 22848 Norderstedt

koulu

мактаб

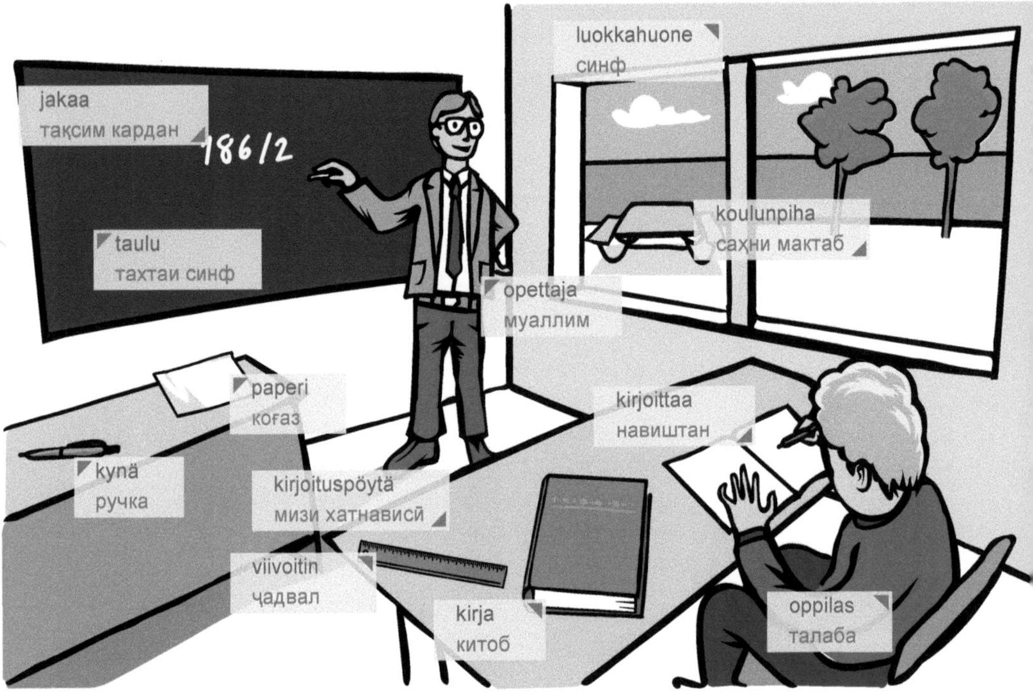
luokkahuone
синф
jakaa
тақсим кардан
186/2
taulu
тахтаи синф
koulunpiha
саҳни мактаб
opettaja
муаллим
paperi
коғаз
kirjoittaa
навиштан
kynä
ручка
kirjoituspöytä
мизи хатнависӣ
viivoitin
ҷадвал
kirja
китоб
oppilas
талаба

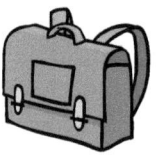

reppu

ҷузвдон

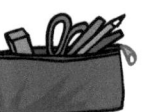

penaali

қаламдон

lyijykynä

қалам

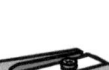

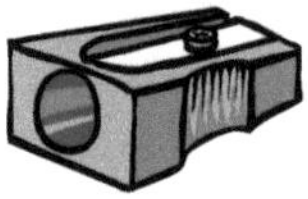

kynänteroitin

қаламтезкунак

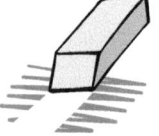

pyyhekumi

хаткуркунак

piirustuslehtiö

блокноти расмкашӣ

piirustus

расм

pensseli

мӯқалами рассомӣ

vesivärit

қуттии рангҳо

sakset

қайчӣ

liima

ширеш

harjoituskirja

дафтари машқ

kotitehtävä

вазифаи хонагӣ

luku

рақам

lisätä

ҷамъ кардан

vähentää

кам кардан

kertoa

зарб задан

laskea

ҳисоб кардан

kirjain

ҳарф

aakkoset

алфавит

hello

sana

калима

teksti

матн

lukea

хондан

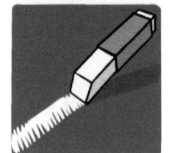

liitu

бӯр

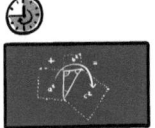

oppitunti

дарс

opettajan muistikirja

журнали синфӣ

koe

имтиҳон

todistus

шаҳодатнома

koulupuku

либоси мактабӣ

koulutus

таҳсил/маориф

sanakirja

энсиклопедия

yliopisto

донишгоҳ

mikroskooppi

микроскоп (more frequently used)

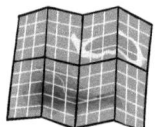

kartta

харита

roskakori

сабади партофҳои коғазӣ

matka
саёҳат

hotelli
меҳмонхона
Grand
retkeilymaja
хобгоҳ
ROOMS
rahanvaihto
нуқтаи мубодилаи асъор
matkalaukku
чамадон
auto
мошин

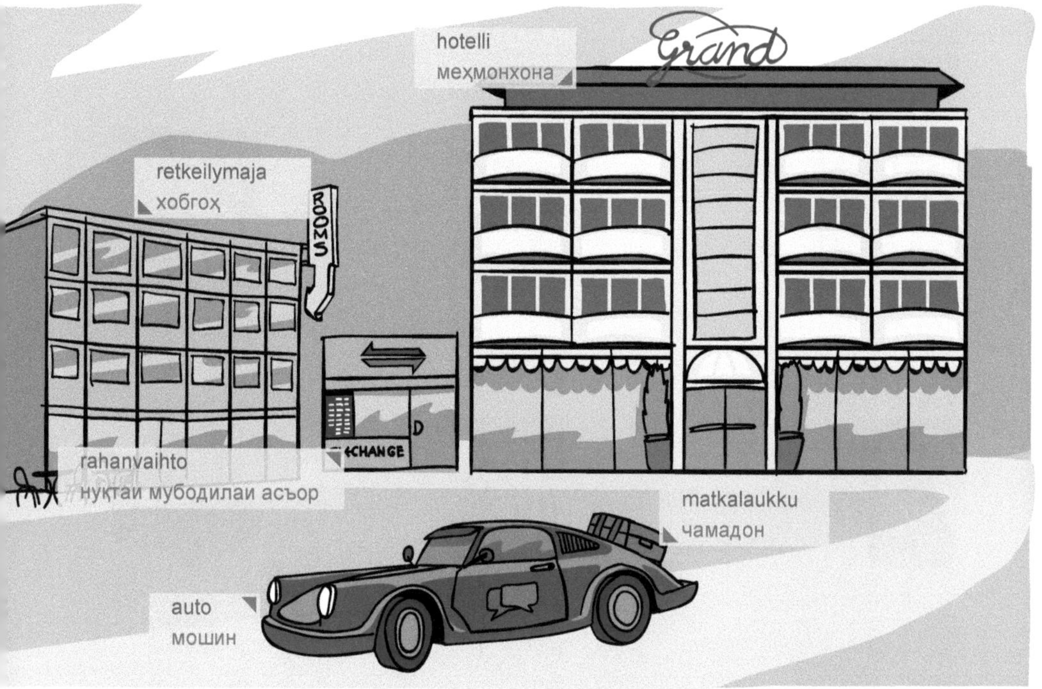

kieli

забон

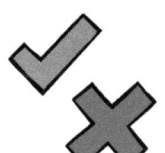

kyllä / ei

ҳа / не

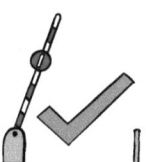

selvä

Хуб

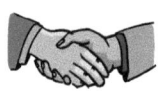

hei

Ассалому алейкум

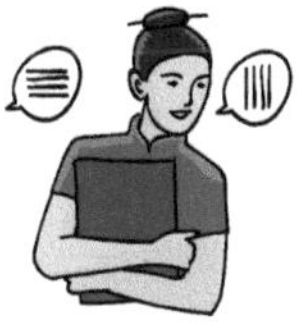

tulkki

тарҷумон

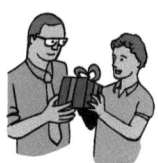

kiitos

Раҳмат

Paljonko...maksaa?

чй қадар аст ...?

en ymmärrä

Ман намефаҳмам

ongelma

проблема

Hyvää iltaa!

шаб ба хайр!

Hyvää huomenta!

субҳ ба хайр

Hyvää yötä!

шаби хуш

näkemiin

хайр

suunta

равона

matkatavarat

бағоҷ

laukku

ҷузвдон

reppu

борхалта

vieras

меҳмон

huone

хона

makuupussi

хобхалта

teltta

хайма

turisti-info

маълумоти сайёҳӣ

ranta

соҳил

luottokortti

корти кредитӣ

aamupala

наҳорӣ

lounas

хӯроки пешин

päivällinen

хӯроки шом

matkalippu

чипта

hissi

лифт

postimerkki

марка

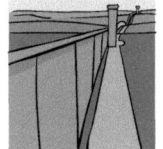

raja

сарҳад

tulli

Гумрук

suurlähetystö

сафорат

viisumi

раводид

passi

шиноснома

kuljetus

нақлиёт

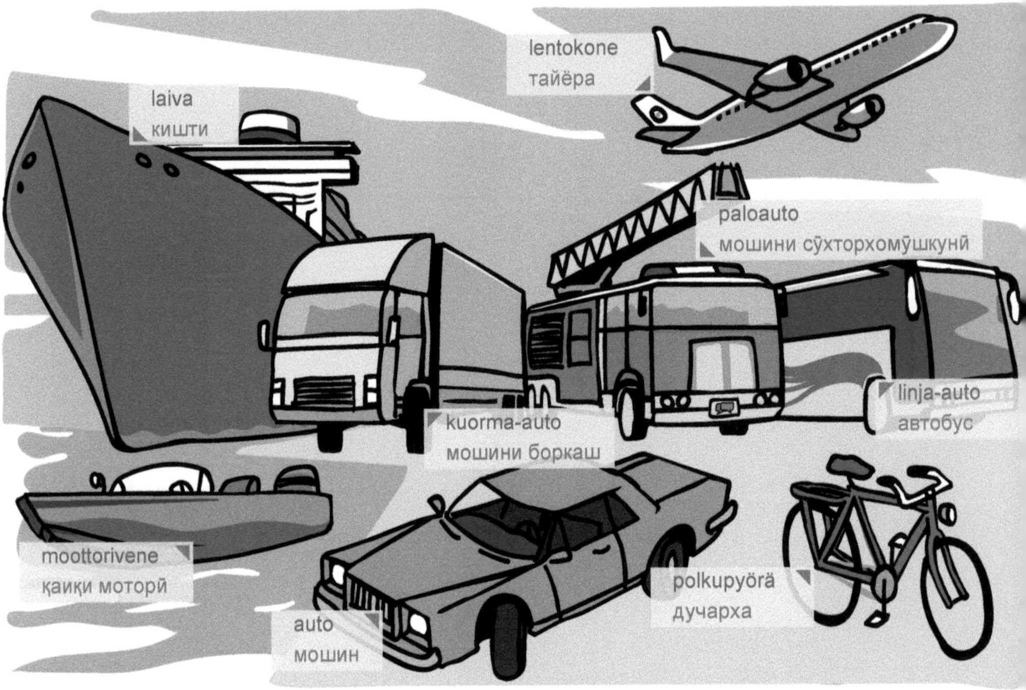
lentokone
тайёра
laiva
кишти
paloauto
мошини сӯхторхомӯшкунӣ
linja-auto
автобус
kuorma-auto
мошини боркаш
moottorivene
қаиқи моторӣ
polkupyörä
дучарха
auto
мошин

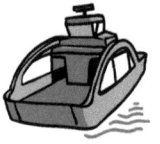

lautta

паром

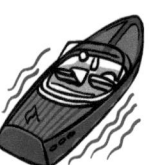

vene

қаиқ

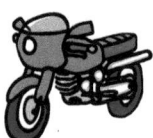

moottoripyörä

мотосикл

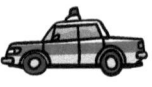

poliisiauto

мошини полис

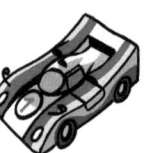

kilpa-auto

мошини тезрави пойгаи

vuokra-auto

кироям мошинҳо

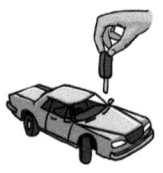

car sharing

ҳамроҳ истифодабарии
мошин

hinausauto

эвакуатор

roska-auto

павтовҷамъкунӣ

moottori

муҳаррик

polttoaine

сӯзишворӣ

huoltoasema

нуқтаи фурӯши сӯзишворӣ

liikennemerkki

аломати роҳ

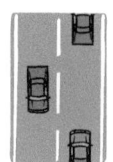

liikenne

ҳаракат

ruuhka

бандшавии ҳаракати роҳ

parkkipaikka

ҷои исти мошинҳо

rautatieasema

истгоҳи роҳи оҳан

raiteet

роҳи оҳан

juna

қатора

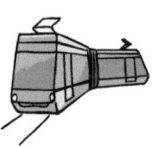

raitiovaunu

тамвай

vaunu

вагон

helikopteri

чархбол

lentokenttä

фурудгох

lähilennonjohto

манора

matkustaja

мусофир

kontti

контейнер

pahvilaatikko

щутии картонй

kärryt

ароба

kori

сабад

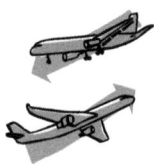

nousta / laskea

гирифтан / замин

kaupunki

шахр

kylä

деха

keskusta

маркази шахр

talo

хона

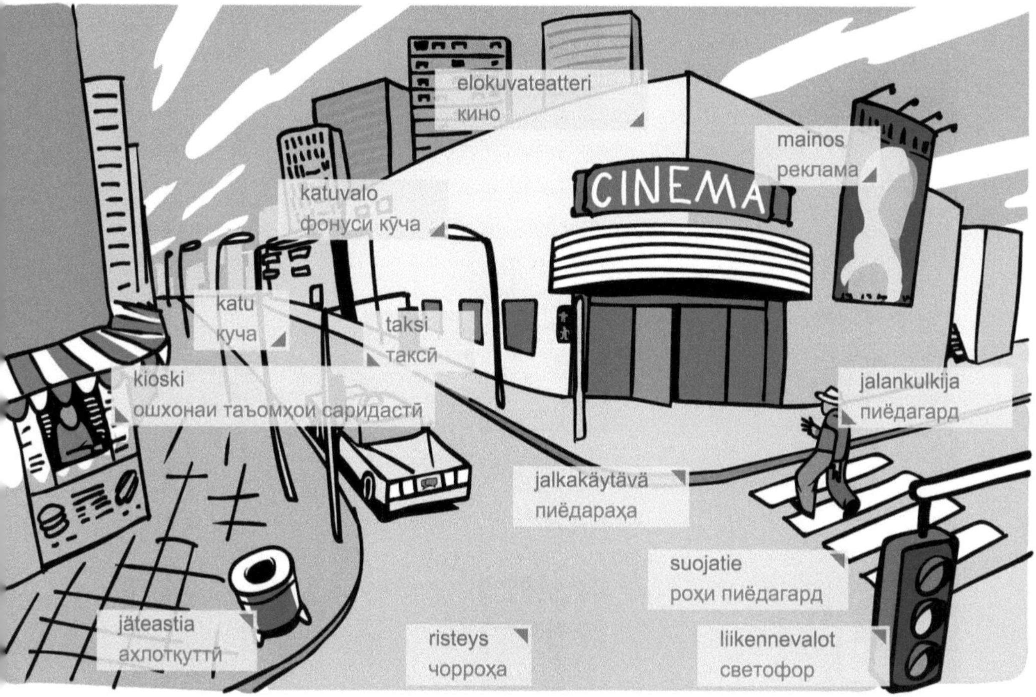

elokuvateatteri
кино

mainos
реклама

katuvalo
фонуси кӯча

CINEMA

katu
кӯча

taksi
такси

kioski
ошхонаи таъомҳои саридастӣ

jalankulkija
пиёдагард

jalkakäytävä
пиёдараҳа

suojatie
роҳи пиёдагард

jäteastia
ахлоткуттӣ

risteys
чорроҳа

liikennevalot
светофор

mökki

кулба

kerrostalo

ҳамвор

rautatieasema

истгоҳи роҳи оҳан

kaupungintalo

бинои маъмурияти шаҳр

museo

осорхона

koulu

мактаб

yliopisto

донишгоҳ

pankki

бонк

sairaala

бемористон

hotelli

меҳмонхона

apteekki

доухона

toimisto

идора

kirjakauppa

сехи китоб

liike

сехи

kukkakauppa

мағозаи гулфурӯшй

supermarketti

супермаркет

tori

бозор

tavaratalo

универмаг

kalakauppias

мағозаи моҳифурӯшй

ostoskeskus

маркази савдо

satama

бандар

puisto

парк

penkki

бонк

silta

пул

portaat

зинапоя

metro

метро

tunneli

нақби

linja-autopysäkki

истгоҳи автобус

baari

бар

ravintola

тарабхона

postilaatikko

қуттии почта

katukyltti

аломати номи кӯчаҳо

parkkimittari

ҳисобкунаки исти мошинҳо

eläintarha

боғи ҳайвонот

uimala

ҳавзи шиноварй

moskeija

масҷид

maatila

ферма

ympäristön saastuminen

ифлоскунй

hautausmaa

қабристон

kirkko

калисо

leikkikenttä

майдончаи бозй

temppeli

маъбад

maisema
ландшафт

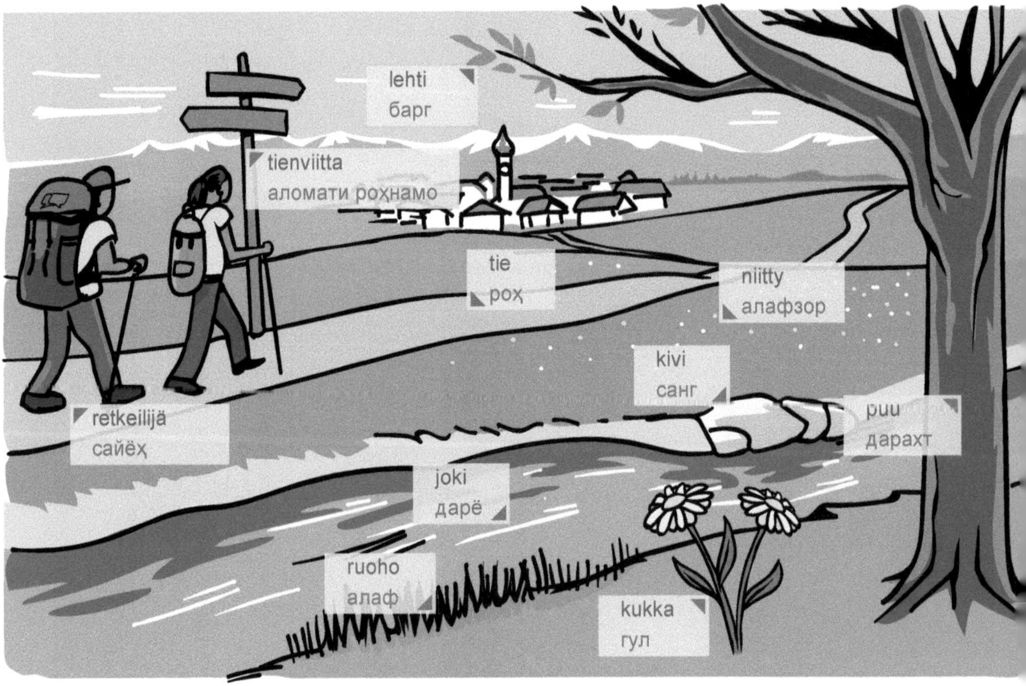

lehti
барг

tienviitta
аломати роҳнамо

tie
роҳ

niitty
алафзор

kivi
санг

retkeilijä
сайёҳ

puu
дарахт

joki
дарё

ruoho
алаф

kukka
гул

laakso
водй

vuori
кӯҳ

järvi
кул

metsä
беша

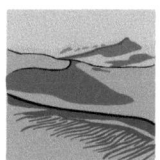

aavikko
биёбон

tulivuori
вулкан

linna
қалъа

sateenkaari
рангинкамон

sieni
занбӯруғ

palmu
дарати нахл

hyttynen
хомӯшак

kärpänen
паридан

muurahainen
мурча

mehiläinen
занбур

hämähäkki
тортанак

kovakuoriainen

гамбӯсак

sammakko

қурбоққа

orava

санчоб

siili

хорпушт

jänis

харгӯш

pöllö

бум

lintu

парранда

joutsen

мурғи қу

villisika

хуки ваҳшӣ

peura

оҳу

hirvi

гавазн

pato

сарбанд

tuulimylly

турбина шамол

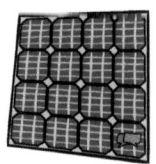

aurinkopaneeli

панел офтобӣ

ilmasto

иқлим

ravintola
тарабхона

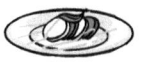

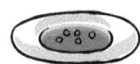

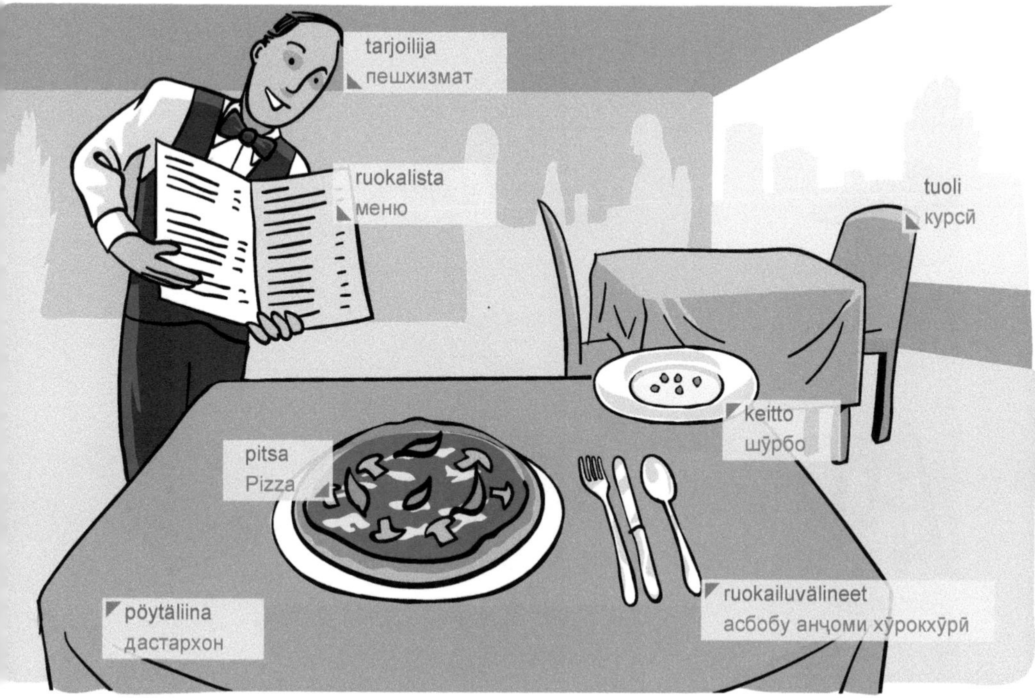

tarjoilija
пешхизмат
ruokalista
меню
tuoli
курсӣ
keitto
шӯрбо
pitsa
Pizza
pöytäliina
дастархон
ruokailuvälineet
асбобу анҷоми хӯрокхӯрӣ

alkuruoka
стартер/корандоз

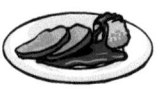

pääruoka
хӯроки асосӣ

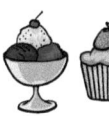

jälkiruoka
десерт

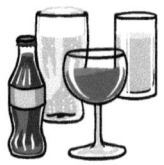

juomat
нӯшокиҳои

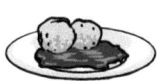

ruoka
таъом

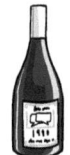

pullo
шиша

pikaruoka

Хӯроки Тез Таёр мешуда

katuruoka

хӯроки кӯчагӣ

teekannu

чойник

sokeriastia

шакардон

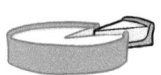

annos

қисм/порча

espressokeitin

мошини espresso

syöttötuoli

курсии кӯдакона

lasku

ҳисоб

tarjotin

зарфмонак

veitsi

корд

haarukka

чангол

lusikka

қошуқ

teelusikka

қошуқча

servietti

сачоқи қоғазӣ

lasi

истакон

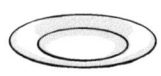

lautanen

табақча

syvä lautanen

косача

aluslautanen

тақсимча

kastike

соус

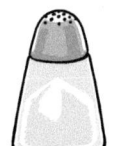

suolasirotin

намакдон

pippurimylly

мурчдон

etikka

сирко

öljy

равғани растанӣ

mausteet

приправа

ketsuppi

кетчуп

sinappi

хардал

majoneesi

майонез

supermarketti

супермаркет

tarjous
пешниҳоди махсус
asiakas
мизоҷ
maitotuotteet
шир
hedelmät
мева
ostoskärryt
аробача
FOR

BUTCHERS

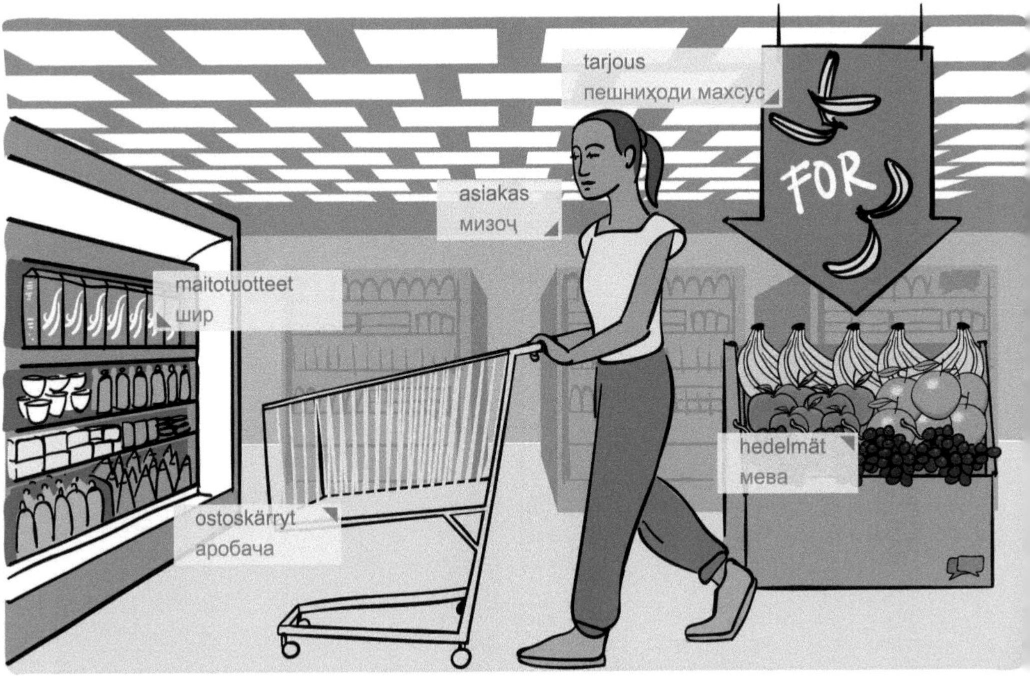

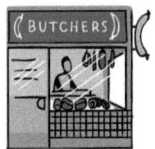

teurastamo

дукони гӯштфурӯшӣ

BAKERY

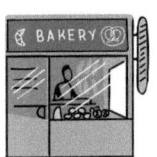

leipomo

дукони нонфурӯшӣ

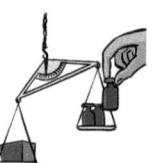

punnita

баркашидан

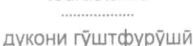

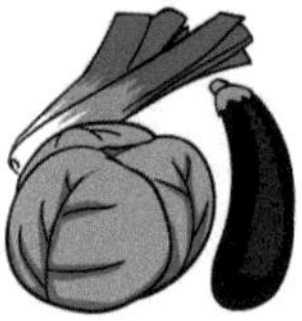

kasvikset

сабзавот

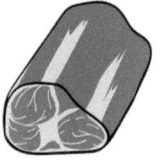

liha

гӯшт

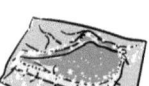

pakasteet

хӯроки яхбаста

leikkele

тилимҳои борик буридаи гушт

säilykkeet

озуқаворӣ консервонидашуда

pesujauhe

хокаи либосшӯй

makeiset

ширинӣ

kotitaloustarvikkeet

асбоби рӯзгор

puhdistusaineet

воситаҳои тозакунанда

myyjä

фурӯшанда

kassa

касса

kassanhoitaja

кассир

ostoslista

рӯихати харидкунӣ

aukioloajat

соат ифтитоҳи

lompakko

ҳамён

luottokortti

корти кредитӣ

kassi

ҷуздо

muovipussi

пакет

vesi
об

mehu
шарбат

maito
шир

kokis
кола

viini
шароб

olut
оби ҷав

alkoholi
машрубот

kaakao
какао

tee
чой

kahvi
қаҳва

espresso
эспрессо

cappuccino
каппучино

banaani

банан

omena

себ

appelsiini

норанчӣ

meloni

харбуза

sitruuna

лимӯ

porkkana

сабзӣ

valkosipuli

сир

bambu

бамбук

sipuli

пиёз

sieni

занбӯруғ

pähkinät

чормағз

spagetti

угро

spagetti

спагеттй

riisi

биринҷ

salaatti

салат

ranskalaiset

картошкаи қоқак

paistetut perunat

картошкабирён

pitsa

Pizza

hampurilainen

гамбургер

voileipä

бутербурод

leike

шнитсел

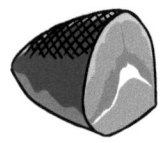

kinkku

гӯшти намакардаи хук

salami

ҳасиби салямй

makkara

ҳасиб

kana

мурғ

paisti

кабоб

kala

моҳй

kaurahiutaleet

ярмаи чав

mysli

омехтаи ғалладонагӣ

murot

ярмаи чуворимакка

jauho

орд

voisarvi

кулчақанд

sämpylä

кулчақанд

leipä

нон

paahtoleipä

як порча нони бирён

keksit

кулчачаҳои қандин

voi

маска

rahka

творог

kakku

пирог

kananmuna

тухм

paistettu kananmuna

тухм бирён

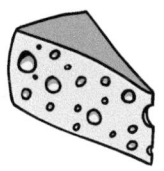

juusto

панир

jäätelö

яхмос

sokeri

шакар

hunaja

асал

hillo

мураббо

suklaapähkinälevite

хамираи ҳалво

curry

Curry

maatila
ферма

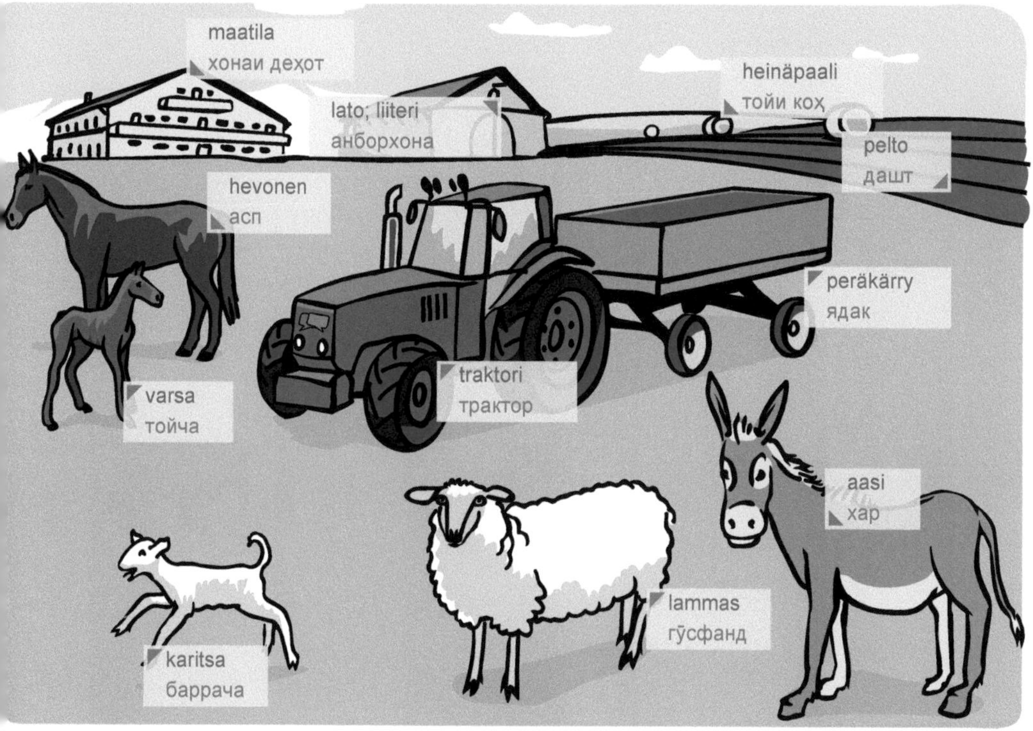
maatila
хонаи деҳот
lato; liiteri
анборхона
heinäpaali
тойи коҳ
pelto
дашт
hevonen
асп
peräkärry
ядак
traktori
трактор
varsa
тойча
aasi
хар
lammas
гӯсфанд
karitsa
баррача

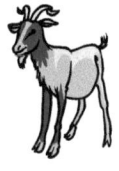

vuohi

буз

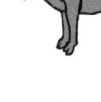

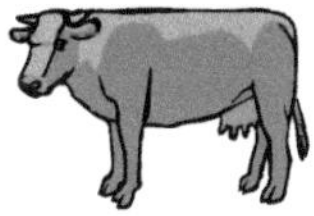

lehmä

гов

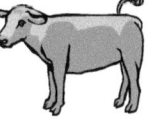

vasikka

гӯсола

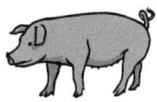

sika

хук

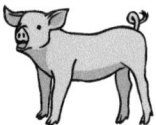

porsas

хукча

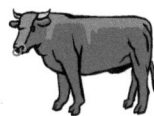

sonni

буққа

hanhi

қоз

ankka

мурғобй

tipu

чӯҷа

kana

мурғ

kukko

хурӯс

rotta

каламуш

kissa

гурба

hiiri

муш

härkä

барзагов

koira

саг

koirankoppi

хоначаи саг

puutarhaletku

рӯдаи резинй

kastelukannu

камобй метавонад

viikate

дос

aura

сипори шудгоркунии
замин

sirppi

доси

kuokka

каланд

talikko

панҷшоха

kirves

табар

kottikärryt

ароба

kaukalo

охур

maitokannu

зарфи ширгирй

säkki

халта

aita

девор

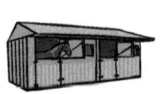

talli

мӯътадил

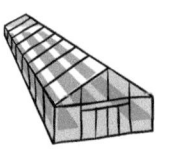

kasvihuone

гармхона

maa

хок

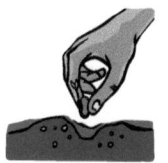

siemen

тухмй

lannoite

нуриҳо

leikkuupuimuri

комбайни ғаллағундорй

kerätä sato

ҳосил

sato

ҳосил

jamssit

yams

vehnä

гандум

soija

лубиж

peruna

картошка

maissi

чуворй

rypsi

донаи маъсар

hedelmäpuu

дарахти мева

maniokki

manioc

vilja

ғалладона

talo

хона

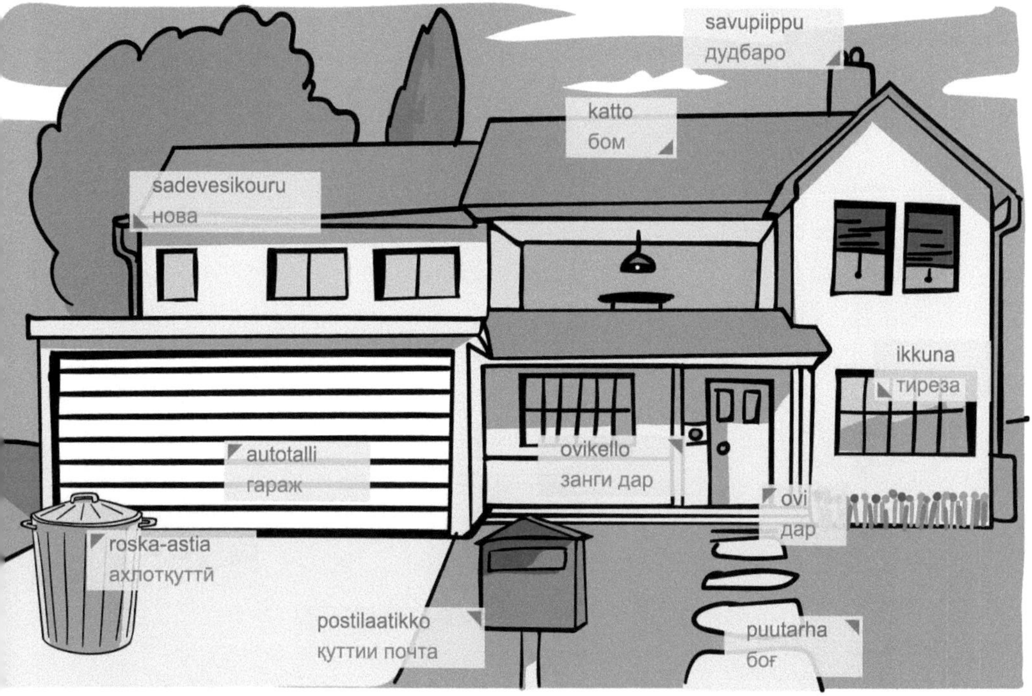

savupiippu
дудбаро
katto
бом
sadevesikouru
нова
ikkuna
тиреза
autotalli
гараж
ovikello
занги дар
ovi
дар
roska-astia
ахлотқуттӣ
postilaatikko
қуттии почта
puutarha
боғ

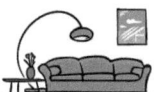

olohuone

мехмонхона

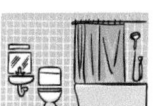

kylpyhuone

ҳамом

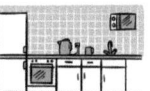

keittiö

ошхона

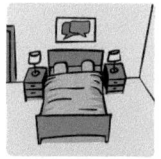

makuuhuone

хонаи хоб

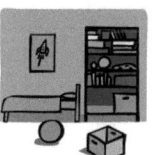

lastenhuone

ҳуҷраи кӯдакона

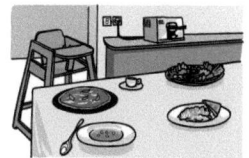

ruokahuone

ошхона

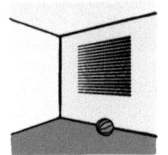

lattia

ошёна

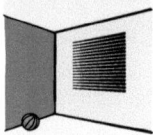

seinä

девор

katto

шифт

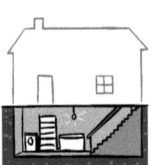

kellari

тагзаминӣ

sauna

сауна

parveke

балкон

terassi

суфача

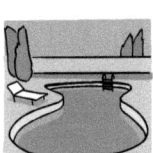

uima-allas

ҳавз

ruohonleikkuri

мошини алафдарав

lakana

варақ

päiväpeitto

кампал

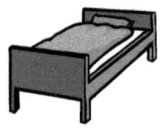

sänky

кат

harja

чорӯб

ämpäri

сатил

katkaisin

калид

32

talo - хона

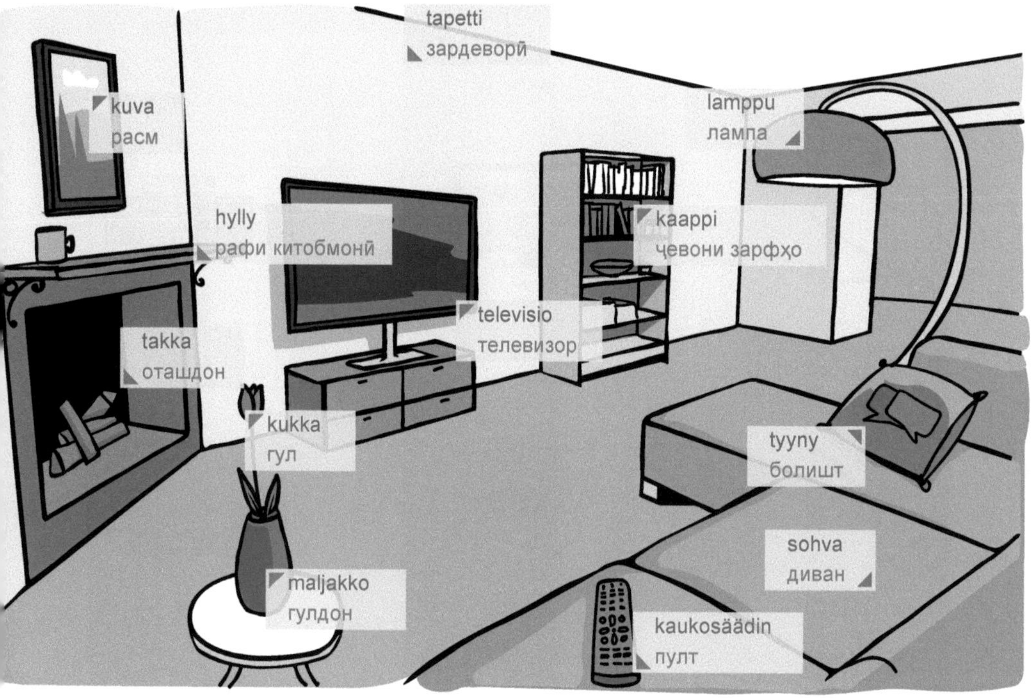

tapetti
зардеворӣ

kuva
расм

lamppu
лампа

hylly
рафи китобмонӣ

kaappi
чевони зарфҳо

takka
оташдон

televisio
телевизор

kukka
гул

tyyny
болишт

sohva
диван

maljakko
гулдон

kaukosäädin
пулт

matto

қолин

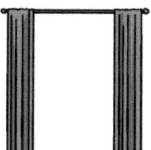

verho

парда

pöytä

мизи

tuoli

курсӣ

keinutuoli

rocking кафедраи

nojatuoli

курсӣ

kirja

китоб

peitto

курпа

koriste

ороиш

polttopuut

ҳезум

elokuva

филм

stereot

дастгоҳи hi-fi

avain

калид

sanomalehti

рӯзнома

maalaus

расм

juliste

эълон

radio

радио

muistivihko

китобчаи қайдҳо

pölynimuri

чангкашак

kaktus

кактус

kynttilä

шам

keittiö

ошхона

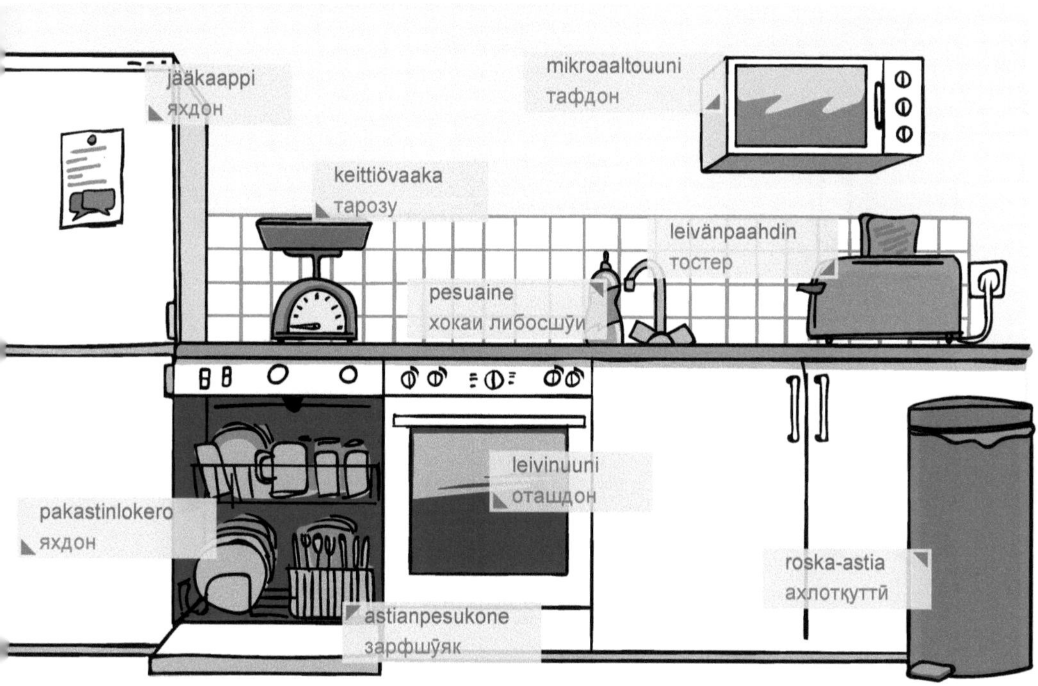

jääkaappi
яхдон
mikroaaltouuni
тафдон
keittiövaaka
тарозу
leivänpaahdin
тостер
pesuaine
хокаи либосшӯи
leivinuuni
оташдон
pakastinlokero
яхдон
roska-astia
ахлотқуттӣ
astianpesukone
зарфшӯяк

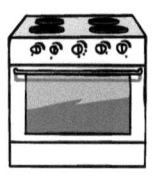

liesi

плита

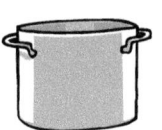

kattila

тубак

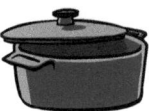

rautapata

дег

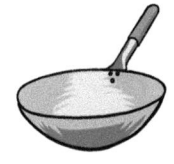

vokkipannu / kadai-pannu

дег / кадй

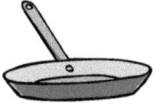

paistinpannu

тоба

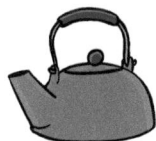

teepannu

чойник

höyrykeitin

steamer

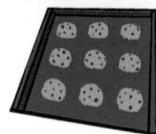

uunipelti

лист

astiat

зарф

muki

кружка

kulho

коса

syömäpuikot

чубаки хурокхӯрӣ

kauha

кафлези

paistinlasta

кафлези ҳамвор

vispilä

whisk

siivilä

strainer

siivilä

элак

raastin

турбтарошак

mortteli

миномет

grilli

Кабоб Кардан

avotuli

оташ кушод

leikkuulauta

тахтаи резакунй

kaulin

чӯба

korkinavaaja

пӯккашак

purkki

банка

purkinavaaja

консервокушояк

pannulappu

дастак

lavuaari

дастшӯяк

tiskiharja

чӯтка

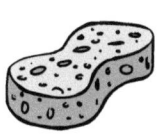

pesusieni

исфанч

tehosekoitin

блендер

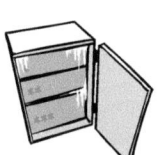

pakastin

сармодон

tuttipullo

шишача

vesihana

чумак

kylpyhuone
ҳамом

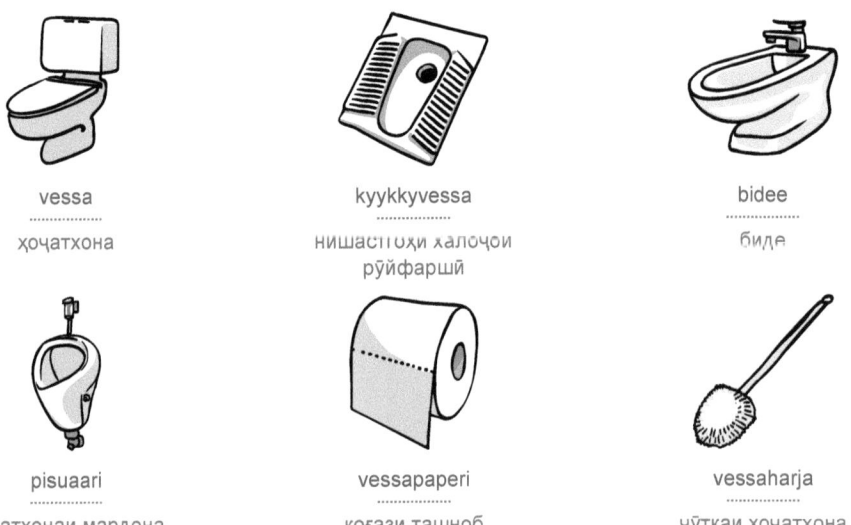

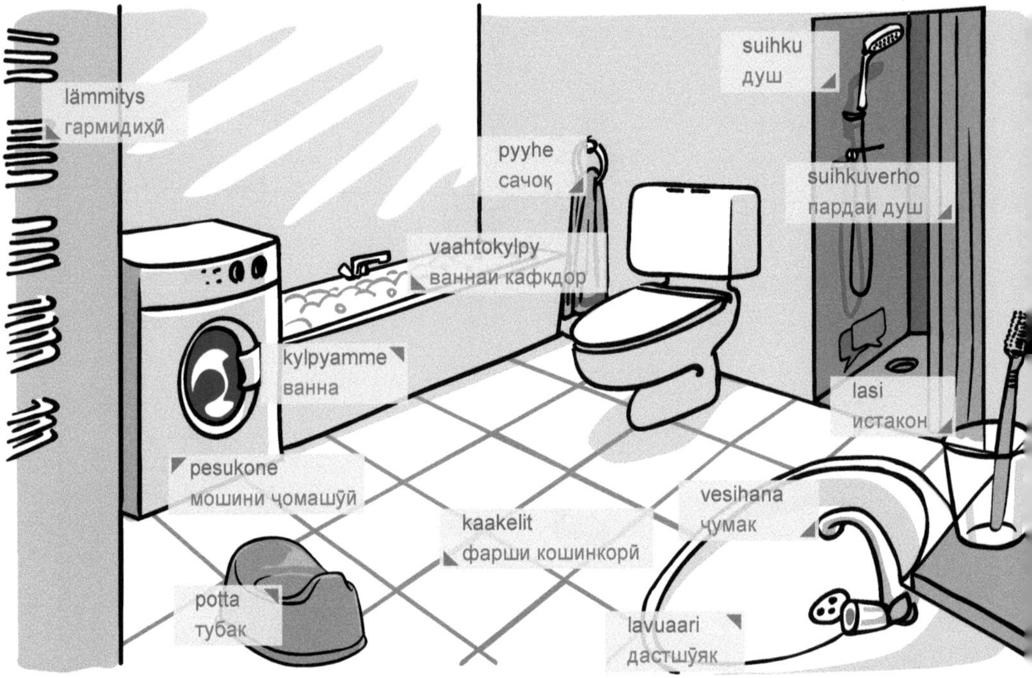
lämmitys
гармидиҳӣ
suihku
душ
pyyhe
сачоқ
suihkuverho
пардаи душ
vaahtokylpy
ваннаи кафкдор
kylpyamme
ванна
lasi
истакон
pesukone
мошини ҷомашӯӣ
vesihana
ҷумак
kaakelit
фарши кошинкорӣ
potta
тубак
lavuaari
дастшӯяк

vessa

ҳоҷатхона

kyykkyvessa

нишастгоҳи халоҷои рӯйфаршӣ

bidee

биде

pisuaari

ҳоҷатхонаи мардона

vessapaperi

коғази ташноб

vessaharja

чӯткаи ҳоҷатхона

hammasharja

дандоншӯяк

hammastahna

хамираи дандоншӯи

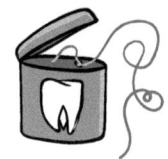

hammaslanka

риштаи дандонтозакунӣ

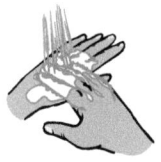

pestä

шӯстан

käsisuihku

души дастӣ

intiimisuihku

обшӯй

pesuvati

ҳавза

selkäharja

шона кардани мӯй

saippua

собун

suihkugeeli

гел барои душ

shampoo

шампун

pesulappu

бумазӣ

viemäri

заҳкаш

voide

крем

deodorantti

дезодорант

peili

оина

käsipeili

оинаи дастй

partaveitsi

риштарошаки барқи

partavaahto

кафк барои риштарошй

partavesi

оби мушкини баъди
риштарошй

kampa

шона

harja

чӯтка

hiustenkuivaaja

мӯйхушкунак

hiuslakka

лак барои мӯй

meikki

косметика

huulipuna

лабсурхкунак

kynsilakka

лок барои нохун

pumpuli

пахта

kynsisakset

қайчии нохунгирӣ

hajuvesi

атриёт

kosmetiikkalaukku

ҷузвдони косметики

jakkara

қазои ҳоҷат

vaaka

тарозу

kylpytakki

хилъат

kumihansikkaat

дастпӯшак резина

tamponi

тампон

terveysside

дастмоли санитарӣ

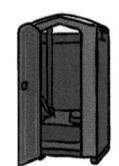

kemiallinen wc

био-ҳоҷатхона

lastenhuone

ҳуҷраи кӯдакона

herätyskello
соати рӯимизии зангдор
pehmolelu
бозичаи мулоим
leikkiauto
мошини бозича
helistin
тиқ-тиқ кардан
nukkekoti
хоначаи бозичагӣ
lahja
ҳузур

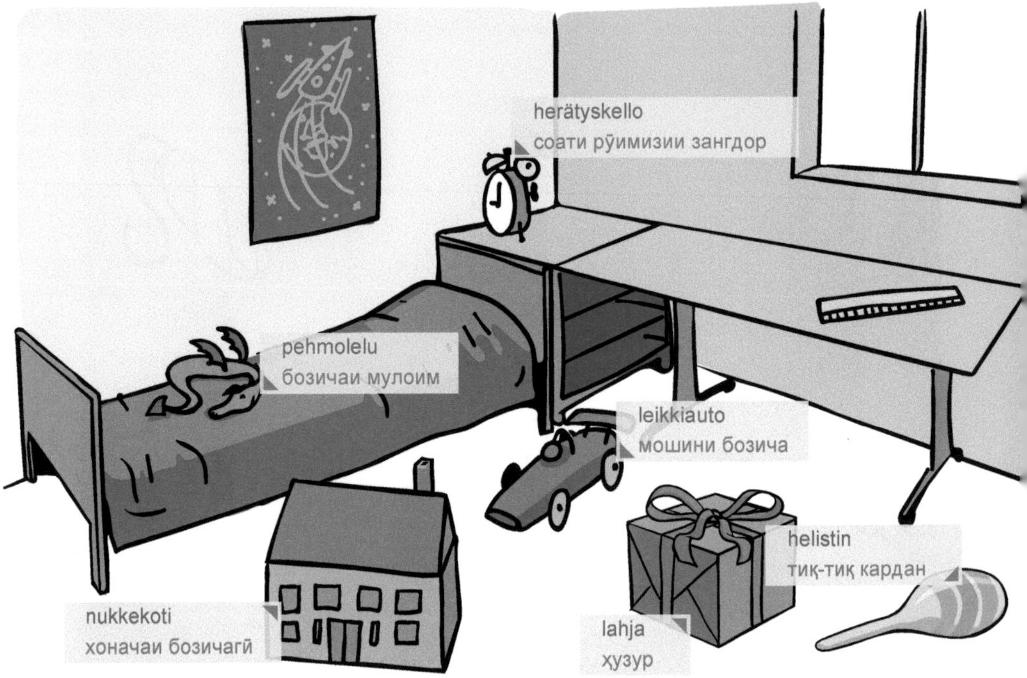

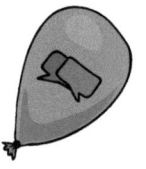

ilmapallo

пуфак

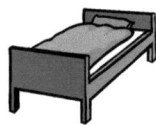

sänky

кат

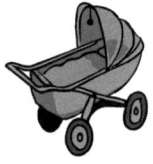

lastenvaunut

аробочаи кудакона

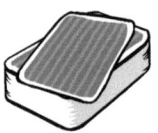

korttipeli

маҷмӯи кортҳо

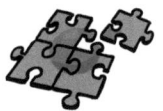

palapeli

бозии муамоёбӣ

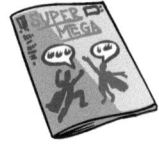

sarjakuva

комикс

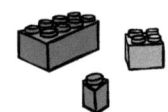

legopalikat

хиштҳои лего

rakennuspalikat

мағозаи бозичафурӯхтан

supersankari

рақам амал

potkupuku

либоси ғаваккашӣ

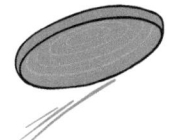

frisbee

фрисби

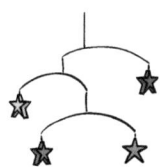

mobile

мобилӣ

lautapeli

лавҳачаи бозӣ

noppa

кубик

pienoisjunarata

маҷмӯи модели қатора

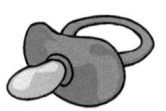

tutti

пистонак

juhlat

ҳизб

kuvakirja

китоби расм

pallo

тӯб

nukke

лӯхтак

leikkiä

бози кардан

hiekkalaatikko

қуттии рег

keinu

арғунчак

lelut

бозича

pelikonsoli

консоли бозиҳои видеой

kolmipyörä

велосипеди сечарха

nalle

хирсаки бахмалии патдор

vaatekaappi

чевон

vaatteet

либос

sukat

ҷуроб

nylonsukat

ҷуроби соқбаланд

sukkahousut

колготки

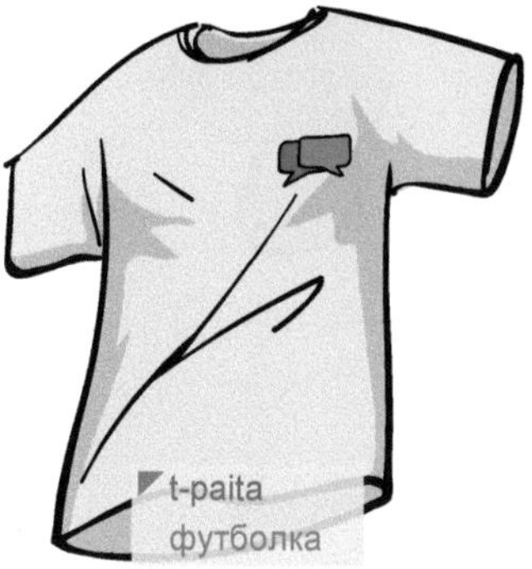

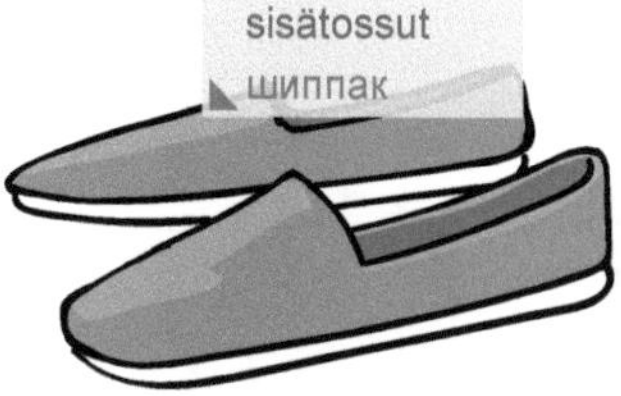

kaulaliina
гарданпеч

vyö
тасма

sateenvarjo
чатр

t-paita
футболка

saappaat
пойафзол

sisätossut
шиппак

lenkkarit
кроссовки

sandaalit
....
босоножкй

kengät
....
пойафзол

kumisaappaat
....
музаи резинй

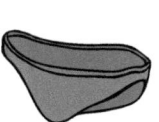

alushousut
....
турсй

rintaliivit
....
синабанд

aluspaita
....
майка

body

бадан

housut

шим

farkut

чинс

hame

юбка

pusero

куртаи нимтаи занона

paita

курта

villapaita

свитер

collegepaita

свитер

jakku

пичак

takki

нимтана

takki

палто

sadetakki

плаш

puku

костюм

mekko

куртаи занона

hääpuku

либос тӯйи

puku

костюм

yöpaita

куртаи хоб

pyjama

пижама

shari

Сари

päähuivi

рӯймол

turbaani

салла

burka

ниқобу

kaftaani

кафтан

abaya

абая

uimapuku

либоси обозӣ

uimahousut

эзорчаи шиноварии мардона

shortsit

шорти

verkkarit

либоси варзишӣ

esiliina

пешбанд

käsineet

дастпӯшак

nappi

тугма

silmälasit

айнак

rannekoru

дастпона

kaulakoru

гарданбанд

sormus

ангуштарин

korvakoru

гӯшвора

lippalakki

кулоҳ

ripustin

либосовезак

hattu

кулоҳ

solmio

галстук

vetoketju

занҷирак

kypärä

тоскулоҳ

henkselit

шимбардор

koulupuku

либоси мактабӣ

univormu

либоси

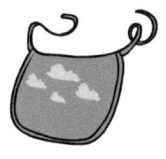

ruokalappu

пешгир

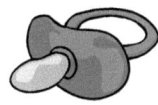

tutti

пистонак

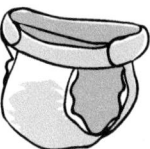

vaippa

подгузник

toimisto

идора

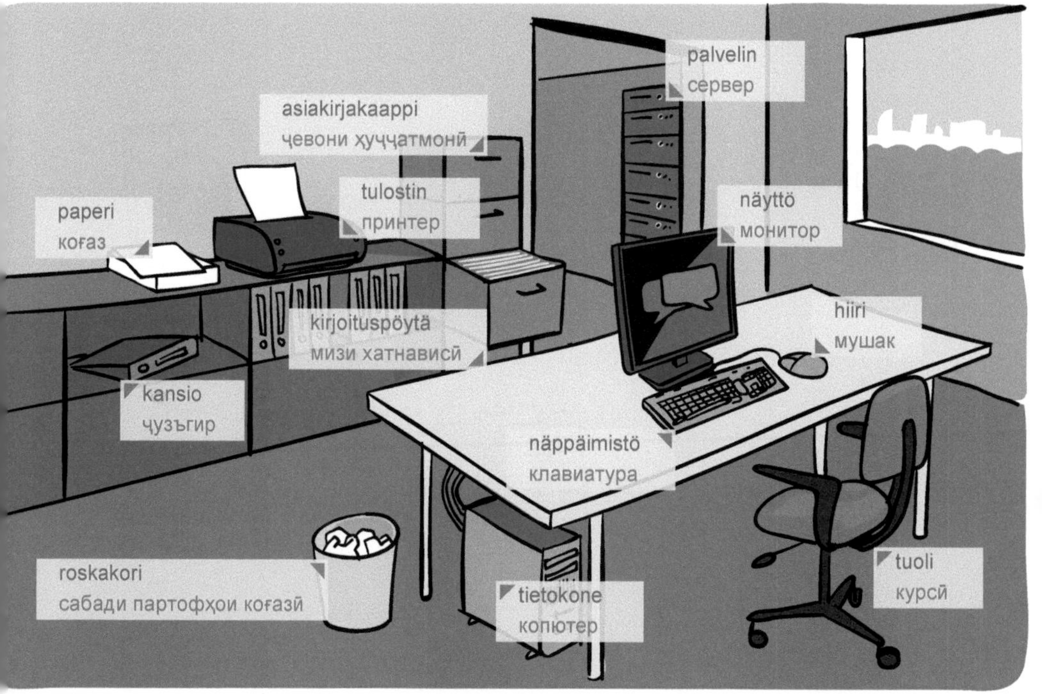
palvelin
сервер
asiakirjakaappi
чевони ҳуҷҷатмонӣ
tulostin
принтер
paperi
коғаз
näyttö
монитор
kirjoituspöytä
мизи хатнависӣ
hiiri
мушак
kansio
ҷузъгир
näppäimistö
клавиатура
roskakori
сабади партофҳои коғазӣ
tietokone
копютер
tuoli
курсӣ

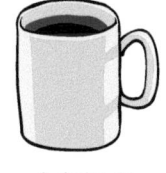

kahvimuki

кружкаи қаҳванӯшӣ

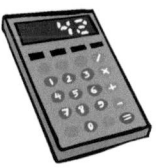

taskulaskin

калкулятор

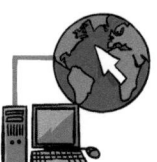

internet

интернет

kannettava tietokone

ноутбук

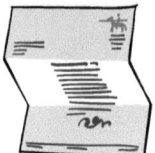

kirje

мактуб

viesti

хабар

kännykkä

телефони мобилй

verkko

шабака

kopiokone

нусхабардор

ohjelmisto

нармафзор

puhelin

телефон

pistorasia

розетка

faksi

факс

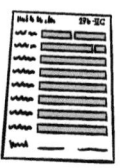

lomake

шакл

asiakirja

хуччат

ostaa

харидан

maksaa

пардохт

vaihtaa

савдо

raha

пул

dollari

доллар

euro

евро

jeni

йен

rupla

рубл

frangi

франки швейцариягӣ

renminbi juan

юан

rupia

рупӣ

pankkiautomaatti

нуқтаи нақд

rahanvaihto

нуқтаи мубодилаи асъор

kulta

тилло

hopea

нуқра

öljy

равғани растанӣ

energia

энерги

hinta

нарх

sopimus

шартнома

vero

андоз

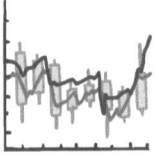

osake

саҳмия

työskennellä

кор

työntekijä

хизматчӣ

työnantaja

соҳибкор

tehdas

завод

liike

сехи

ammatit
касбҳо

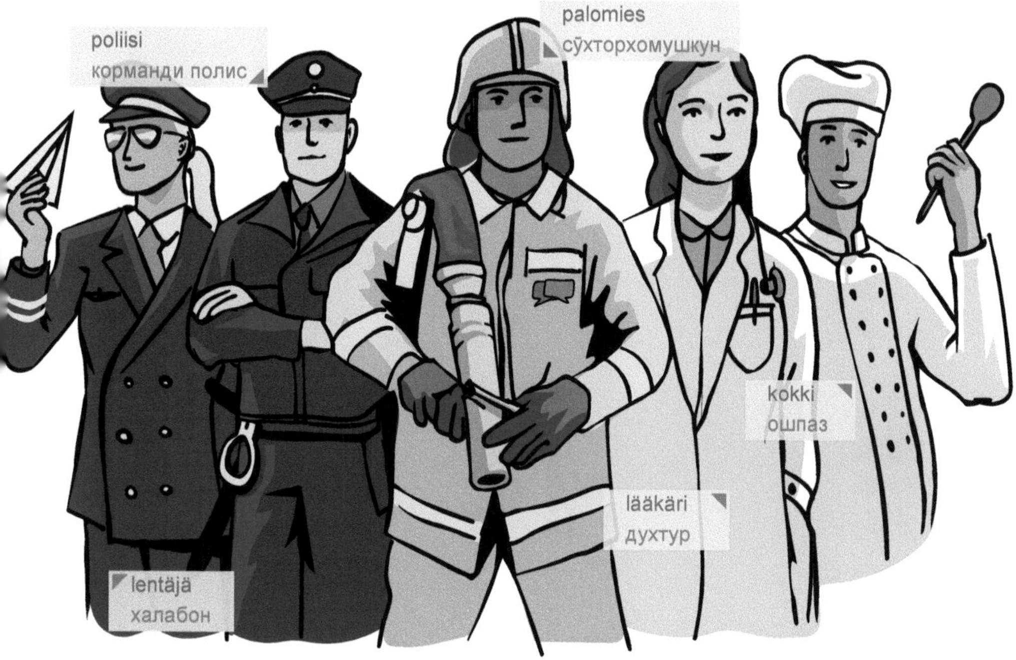
poliisi
корманди полис
palomies
сӯхторхомушкун
kokki
ошпаз
lääkäri
духтур
lentäjä
халабон

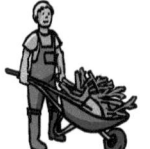

puutarhuri

боғбон

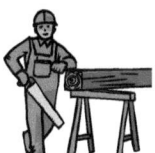

puuseppä

чӯбтарош

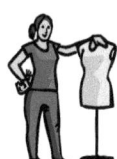

ompelija

дӯзанда

tuomari

судя

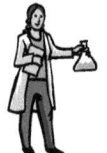

kemisti

кимиёшинос

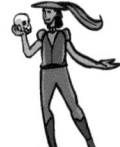

näyttelijä

актер

linja-autonkuljettaja

ронандаи автобус

taksinkuljettaja

таксист

kalastaja

моҳигир

siivooja

фаррошзан

katontekijä

устои бомпӯш

tarjoilija

пешхизмат

metsästäjä

шикорчӣ

maalari

рассом

leipuri

нонвой

sähköasentaja

барқ

rakentaja

сохтмончӣ

insinööri

инженер

teurastaja

қассоб

putkiasentaja

устои шабакаи об

postinjakaja

хаткашон

ammatit - касбҳо

sotilas

сарбоз

arkkitehti

меъмор

kassanhoitaja

кассир

floristi

гулфурӯш

kampaaja

сартарош

konduktööri

кондуктор

mekaanikko

механик

kapteeni

капатан

hammaslääkäri

духтури дандон

tiedemies

олим

rabbi

хохом

imaami

имом

munkki

шайх

pappi

саркоҳин

työkalut

асбобҳо

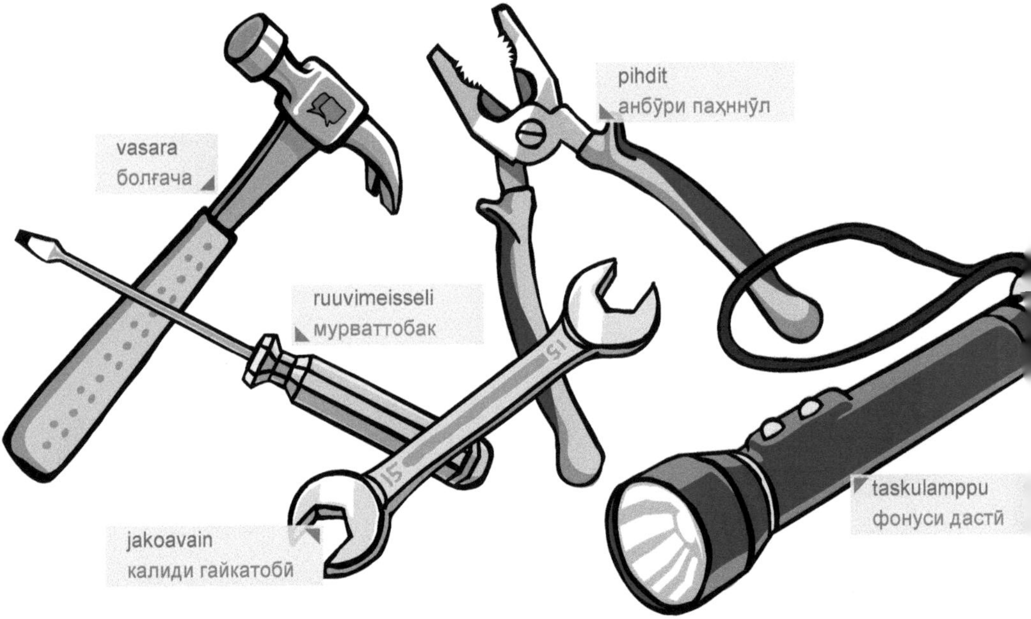

vasara
болғача
pihdit
анбўри паҳннўл
ruuvimeisseli
мурваттобак
jakoavain
калиди гайкатобӣ
taskulamppu
фонуси дастӣ

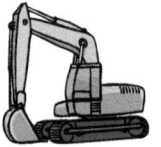

kaivinkone

экскаватор

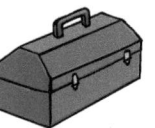

työkalupakki

қутии асбобҳо

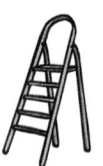

tikkaat

зинапоя

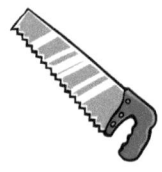

saha

арра

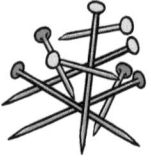

naulat

мехҳо

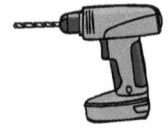

pora

пармаи электрикӣ

korjata

таъмир

lapio

бел

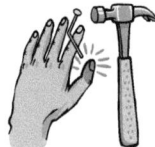

Hitto!

Сабил монад!

rikkalapio

белчаи хокрӯбагирӣ

maalipurkki

сатили ранг

ruuvit

мехи печдор

soittimet
асбобҳои мусиқӣ

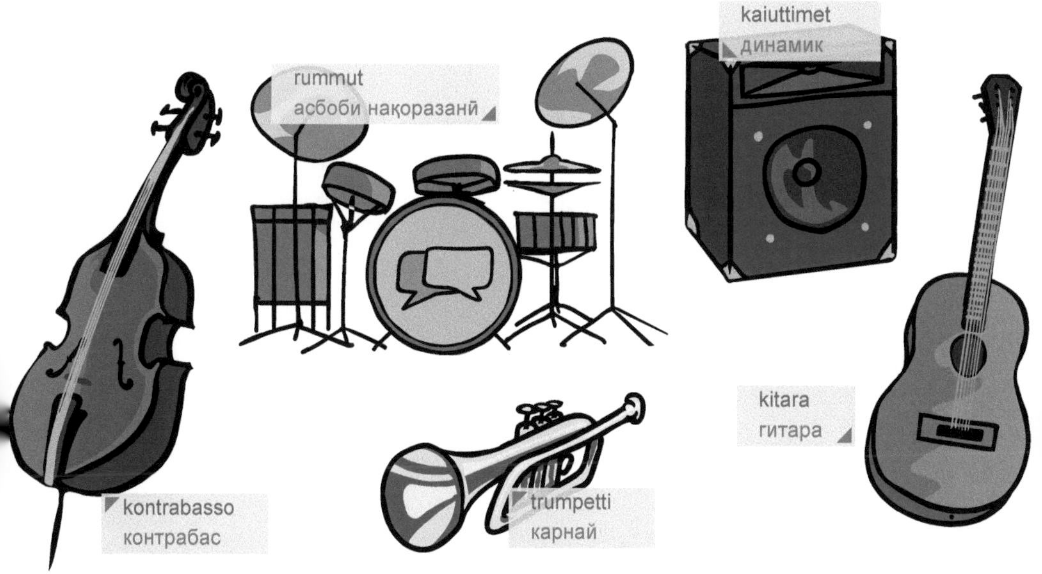

kaiuttimet
динамик

rummut
асбоби нақоразанӣ

kitara
гитара

kontrabasso
контрабас

trumpetti
карнай

piano

пианино

viulu

ғиҷҷак

basso

бас-гитара

patarummut

нақораи поядор

rumpu

нақора

kosketinsoitin

клавиатура

saksofoni

саксофон

huilu

най

mikrofoni

баландгӯяд

eläintarha

боғи ҳайвонот

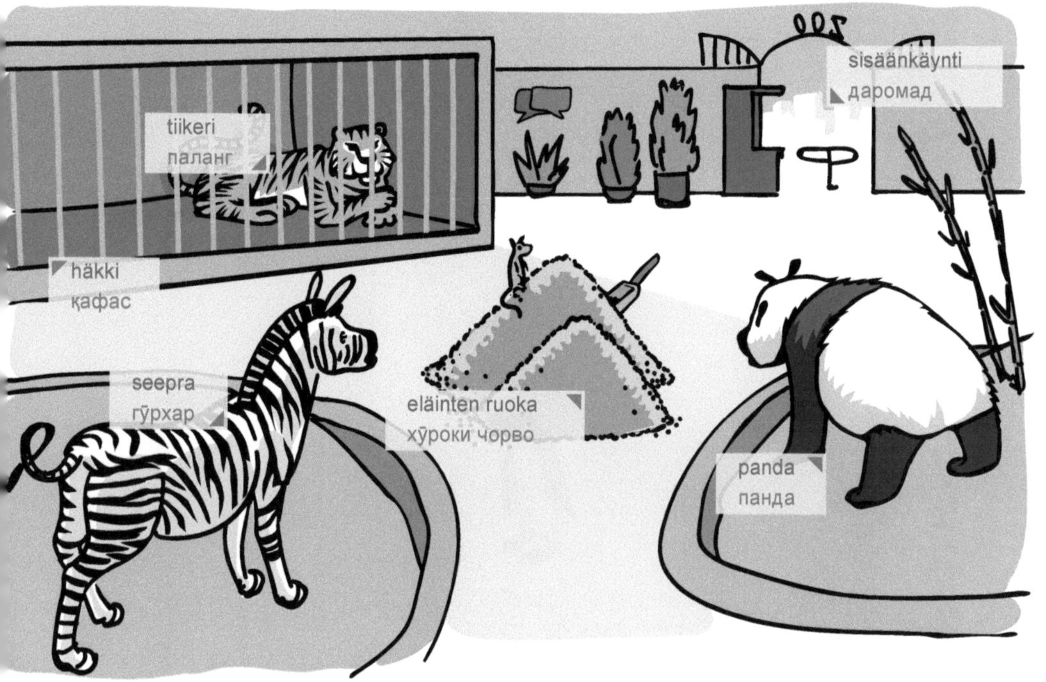

tiikeri
паланг
sisäänkäynti
даромад
häkki
қафас
seepra
гӯрхар
eläinten ruoka
хӯроки чорво
panda
панда

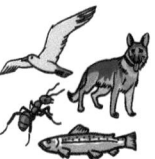

eläimet

ҳайвонот

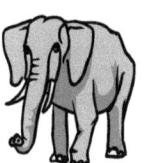

norsu

фил

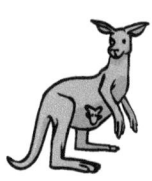

kenguru

кенгуру

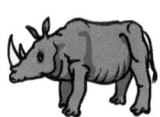

sarvikuono

каркадан

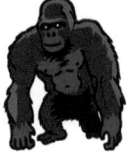

gorilla

горилла

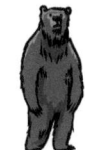

karhu

хирси бӯр

kameli

шутур

strutsi

шутурмурғ

leijona

шер

apina

маймун

flamingo

бутимор

papukaija

тӯти

jääkarhu

хирси сафед

pingviini

пингвин

hai

наҳанг

riikinkukko

товус

käärme

мор

krokotiili

тимсоҳ

eläintarhanhoitaja

посбон

hylje

сил

jaguaari

ягуар

eläintarha - боғи ҳайвонот

poni

аспи кӯтоҳҳад

leopardi

леопард

virtahepo

баҳмут

kirahvi

зарроফа

kotka

уқоб

villisika

хуки ваҳшй

kala

моҳй

kilpikonna

сангпушт

mursu

морж

kettu

рӯбоҳ

gaselli

ғизол/оху

amerikkalainen jalkapallo
футболи амрикои

pyöräily
велосипедронӣ

tennis
теннис

koripallo
баскетбол

uinti
шиноварӣ

nyrkkeily
бокс

jääkiekko
хоккей

jalkapallo
футбол

sulkapallo
бадминтон

yleisurheilu
атлетика

käsipallo
гандбол

hiihto
лижаронӣ

poolo
тӯббозӣ бо асп

aktiviteetit
фаъолият

nauraa
ханда
hypätä
паридан
halata
оғӯш гирифтан
kävellä
пиёда рафтан
laulaa
шеър хондан
unelmoida
орзӯ кардан
rukoilla
ибодат кардан
suudella
бӯса кардан

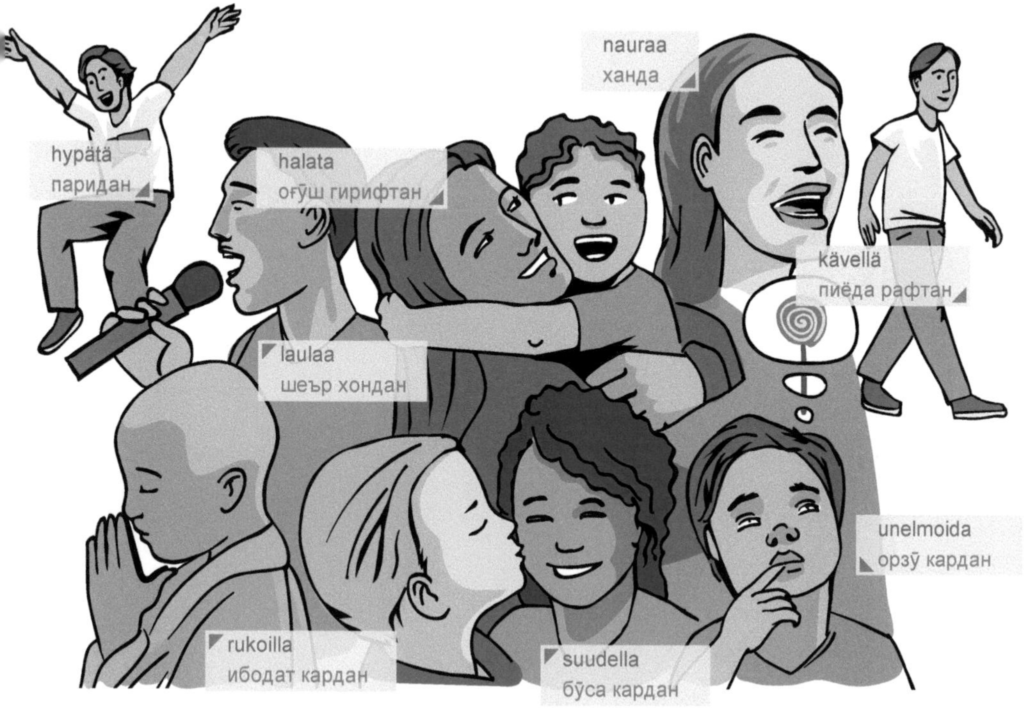

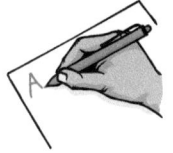

kirjoittaa
навиштан

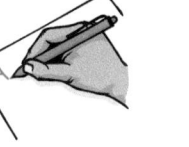

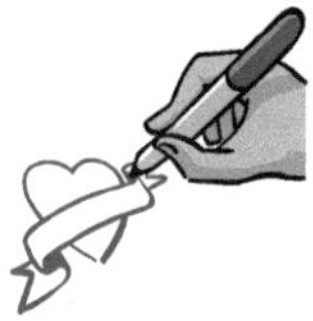

piirtää
кашидан

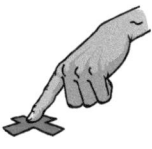

näyttää
нишон додан

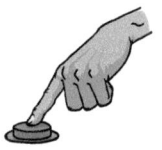

painaa
тела додан

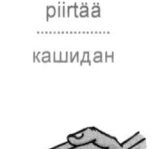

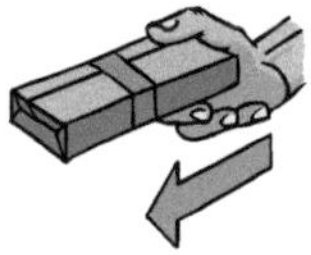

antaa
додан

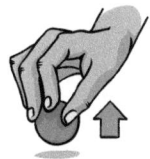

ottaa
гирифтан

omistaa

доранд

tehdä

кор

olla

бошад

seisoa

истодан

juosta

давидан

vetää

кашидан

heittää

партофтан

kaatua

афтидан

maata

дароз кашидан

odottaa

интизор шудан

kantaa

бардошта бурдан

istua

нишастан

pukeutua

либос пӯшидан

nukkua

хобин

herätä

бедор шудан

katsoa

нигоҳ кардан

itkeä

гиря кардан

silittää

сила кардан

kammata

шона

puhua

гап задан

ymmärtää

фаҳмидан

kysyä

пурсидан

kuunnella

гӯш кардан

juoda

нӯштдан

syödä

хӯрдан

siivota

ғундоштан

rakastaa

ишқ

keittää

ошпаз

ajaa

рондан

lentää

парвоз кардан

purjehtia

бо бодбон ҳаракат кардан

laskea

ҳисоб кардан

lukea

хондан

oppia

омӯхтан

työskennellä

кор

mennä naimisiin

оиладор шудан

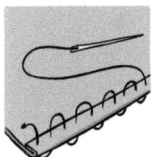

ommella

дӯхтан

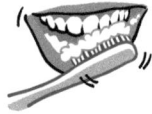

pestä hampaat

дадон шӯстан

tappaa

куштан

tupakoida

дуд

lähettää

фиристодан

perhe
оила

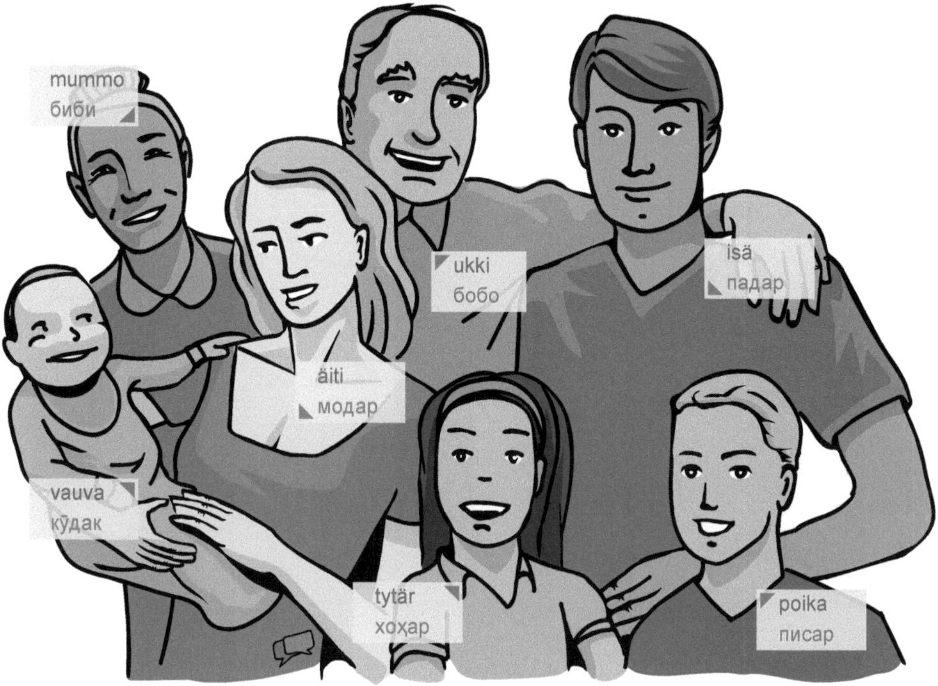
mummo
биби
ukki
бобо
isä
падар
äiti
модар
vauva
кӯдак
tytär
хоҳар
poika
писар

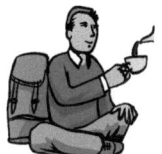

vieras
меҳмон

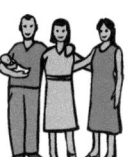

täti
хола

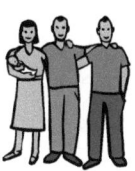

setä
амак

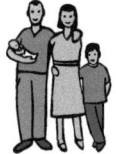

veli
бародар

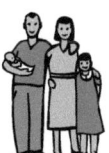

sisko
хоҳар

vartalo

бадан

otsa
пешонӣ
silmä
чашм
olkapää
китф
sormet
ангушт
kasvot
рӯй
leuka
манаҳ
käsi
панҷаи даст
jalka
пой
rinta
қафаси сина
käsivarsi
даст

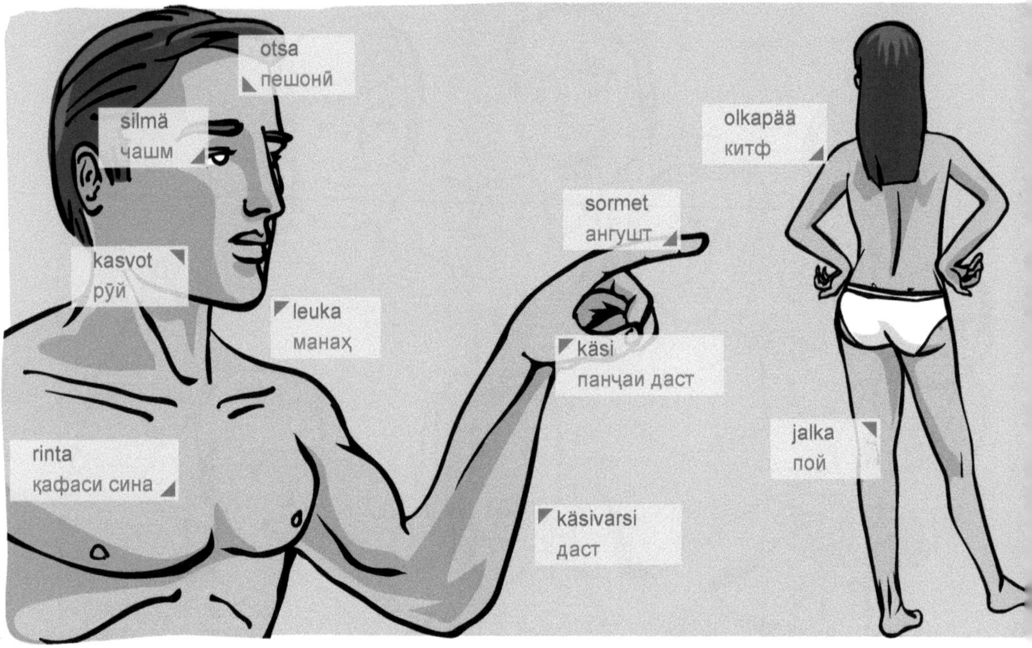

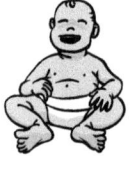

vauva
кӯдак

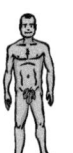

mies
мард

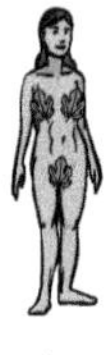

nainen
зан

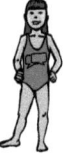

tyttö
духтар

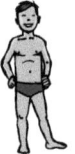

poika
писар

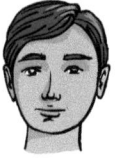

pää
сар

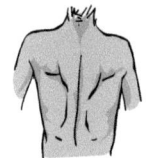

selkä

пушт

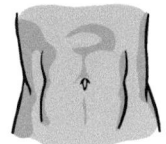

maha

шикам

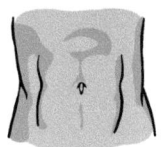

napa

ноф

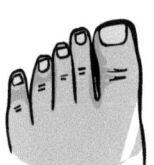

varvas

ангушти пой

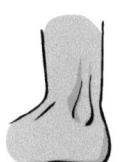

kantapää

пошнаи пой

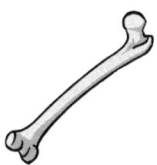

luu

устухон

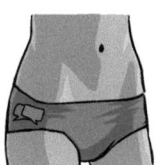

lantio

рон

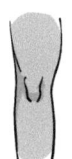

polvi

зону

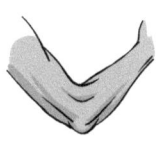

kyynärpää

оринҷ

nenä

бинй

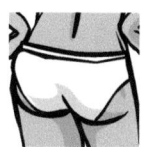

takapuoli

таг

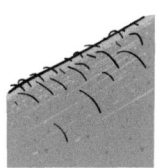

iho

пӯст

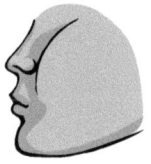

poski

рухсора

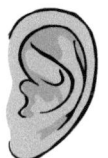

korva

гӯш

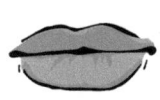

huuli

лаб

suu

даҳон

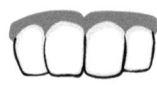

hammas

дадон

kieli

забон

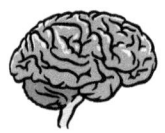

aivot

майнаи сар

sydän

дил

lihas

мушак

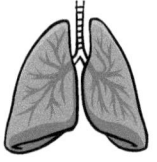

keuhkot

шуш

maksa

ҷигар

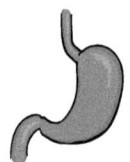

vatsa

меъда

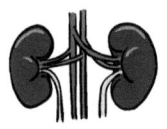

munuaiset

гурдаҳо

seksi

алоқаи ҷинсӣ

kondomi

рифола

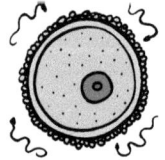

munasolu

тухмҳуҷайра

sperma

нутфа

raskaus

ҳомиладорӣ

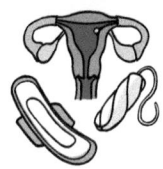

kuukautiset

ҳайз

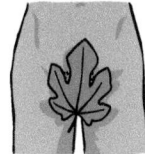

vagina

маҳбал

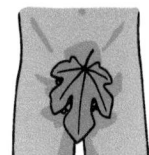

penis

кер

kulmakarvat

абрӯ

hiukset

мӯй

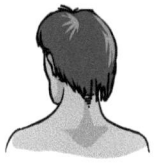

niska

гардан

sairaala

бемористон

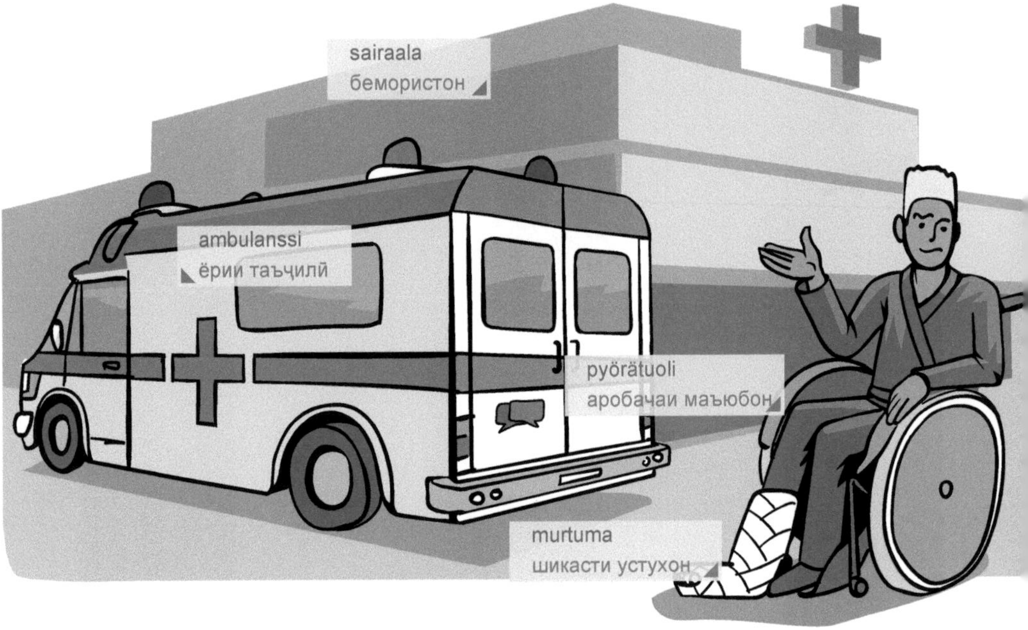

sairaala
бемористон
ambulanssi
ёрии таъҷилӣ
pyörätuoli
аробачаи маъюбон
murtuma
шикасти устухон

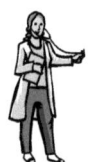

lääkäri

духтур

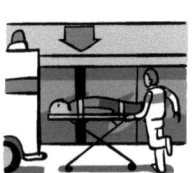

ensiapu

ҳуҷраи ёрии фаврӣ

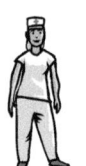

sairaanhoitaja

ҳамшираи тиббӣ

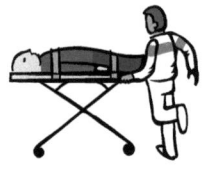

hätätilanne

ҳолати фавқулодда

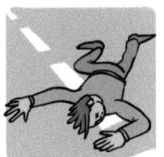

tajuton

беҳуш

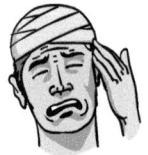

kipu

дард

vamma

чароҳат

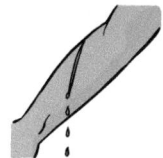

verenvuoto

хунравӣ

sydänkohtaus

дилзанак

aivoinfarkti

сактаи майна

allergia

аллергия

yskä

сулфа

kuume

таблариза

flunssa

грипп

ripuli

шикамравӣ

päänsärky

сардард

syöpä

саратон

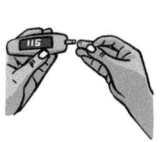

diabetes

диабет

kirurgi

чарроҳ

veitsi

скалпел

leikkaus

чарроҳӣ

ct

Томографияи компютерӣ

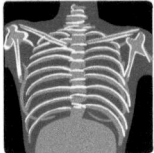

röntgen

шӯъои ренгенӣ

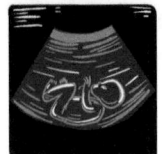

ultraääni

ултрасадо

maski

ниқоби рӯй

sairaus

беморӣ

odotushuone

ҳуҷраи интизорӣ

sauva

асобағал

laastari

марҳам

side

дока

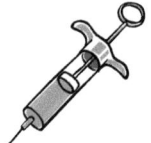

pistos

сӯзандору

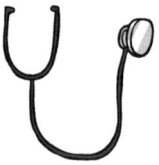

stetoskooppi

стетоскоп

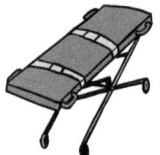

paarit

занбар

kuumemittari

ҳароратсанҷ

syntymä

таваллуд

ylipaino

вазни зиёдатӣ

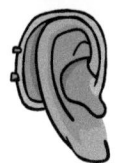

kuulolaite

тачҳизоти шунавой

desinfiointiaine

моддаи безараргардонӣ

infektio

инфексия

virus

вирус

HIV / AIDS

ВИЧ / СПИД

lääke

дору

rokotus

ваксинатсия

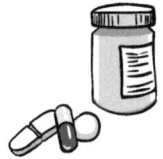

tabletit

ҳабҳо

pilleri

ҳаб

hätäpuhelu

занги изтирорӣ

verenpainemittari

монитори фишори хун

sairas / terve

бемор/солим

Apua! Кумак!	 hälytys ҳушдор	 ryöstö ҳучум
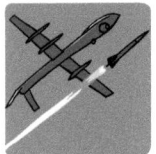 hyökkäys ҳамла	 vaara хатар	 hätäuloskäynti баромадгоҳи таҳлиявӣ
Tulipalo! Сӯхтор!	 palosammutin оташнишон	 onnettomuus садама
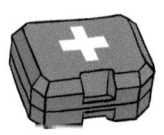 ensiapulaukku дорукуттӣ	 SOS бонги хатар	 poliisilaitos полис

Eurooppa

Аврупо

Pohjois-Amerikka

Америкаи Шимолй

Etelä-Amerikka

Америкаи Ҷанубй

Afrikka

Африка

Aasia

Осиё

Australia

Австралия

Atlantin valtameri

Уқёнуси Атлантик

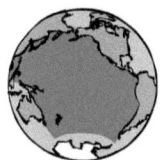

Tyynimeri

Уқёнуси Ором

Intian valtameri

Уқёнуси Ҳинд

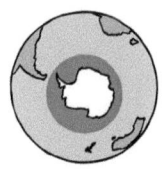

Eteläinen jäämeri

Уқёнуси Антарктика

Pohjoinen jäämeri

Уқёнуси Арктика

pohjoisnapa

Қутби шимол

etelänapa

Қутби ҷануб

Antarktis

Антарктика

maa

замин

maa

замин

meri

баҳр

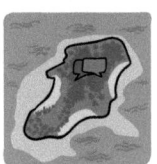

saari

ҷазира

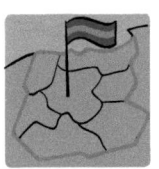

kansa

миллат

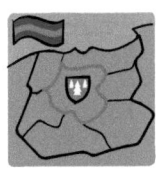

osavaltio

давлат

kellotaulu

сиферблат

tuntiviisari

ақрабаки соат

minuuttiviisari

ақрабаки дақиқашумор

sekuntiviisari

ақрабаки сонияшумор

Paljonko kello on?

Соат чанд?

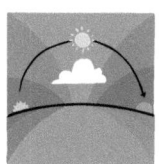

päivä

рӯз

aika

замон

nyt

ҳозир

digitaalikello

соати электронӣ

minuutti

лаҳза

tunti

соат

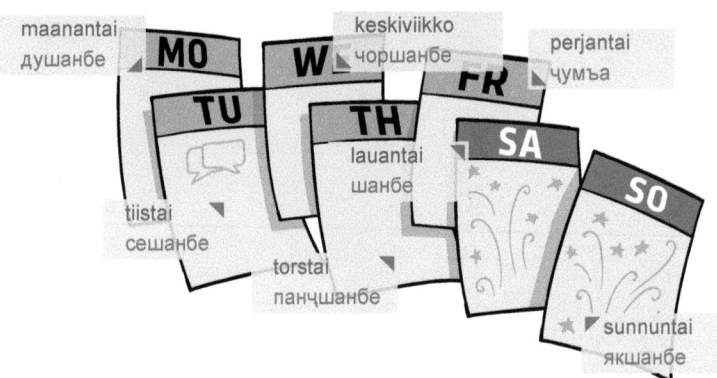

maanantai
душанбе

keskiviikko
чоршанбе

perjantai
ҷумъа

tiistai
сешанбе

lauantai
шанбе

torstai
панҷшанбе

sunnuntai
якшанбе

eilen

дирӯз

tänään

имрӯз

huomenna

фардо

aamu

пагоҳирӯзӣ

keskipäivä

нимрӯз

ilta

шом

työpäivät

рӯзҳои корӣ

viikonloppu

истироҳат

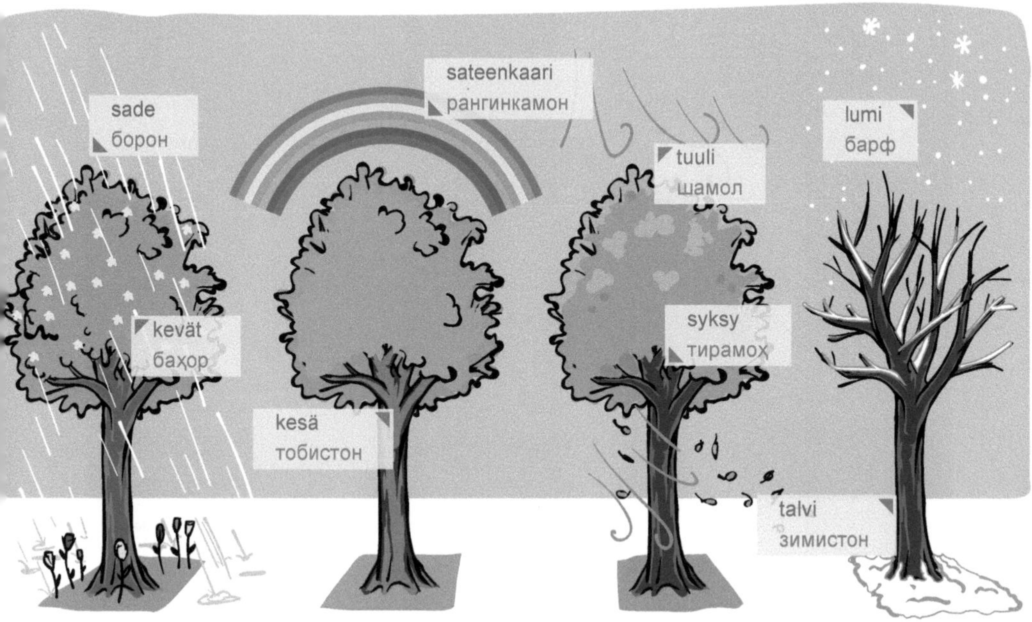

sade
борон
sateenkaari
рангинкамон
tuuli
шамол
lumi
барф
kevät
баҳор
kesä
тобистон
syksy
тирамоҳ
talvi
зимистон

4.APRIL 11°
5.APRIL 4°
6.APRIL 13°
7.APRIL 8°
8.APRIL 10°

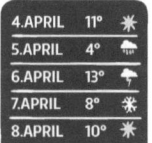

sääennuste

Обу ҳаво

F
C
120
90
60
30
0
-30
40
30
20
10
0
-10
-20

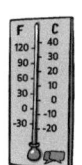

lämpömittari

ҳароратсанҷ

auringonpaiste

равшании офтоб

pilvi

абр

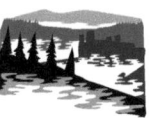

sumu

туман

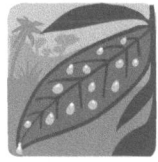

ilmankosteus

намнок

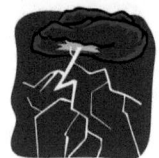

salama

барқ

ukkonen

тундар

myrsky

тӯфон

rae

жола

monsuuni

муссон

tulva

обхезй

jää

ях

tammikuu

январ

helmikuu

феврал

maaliskuu

март

huhtikuu

апрел

toukokuu

май

kesäkuu

июн

heinäkuu

июл

elokuu

август

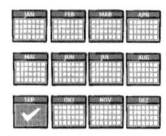

syyskuu
....
сентябр

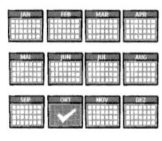

lokakuu
....
октябр

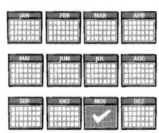

marraskuu
....
ноябр

joulukuu
....
декабр

muodot
баст

ympyrä
....
давра

neliö
....
мураббаъ

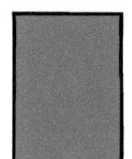

suorakulmio
....
росткуньа

kolmio
....
секуньа

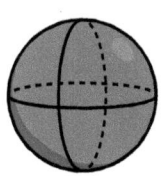

pallo
....
соњаи

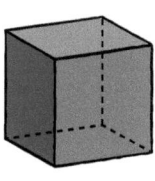

kuutio
....
мукааб

valkoinen

гулобӣ

keltainen

хокистаранг

oranssi

зард

vaaleanpunainen

бунафшранг

punainen

сурх

violetti

қаҳваранг

sininen

кабуд

vihreä

сиёҳ

ruskea

кабуд

harmaa

сафед

musta

сабз

paljon / vähän

бисёр/кам

vihainen / ystävällinen

хашмгин / ором

kaunis / ruma

зебо/безеб

alku / loppu

оғози / охири

suuri / pieni

калон/хурд

vaalea / tumma

дурахшон / торик

veli / sisko

бародари / хоҳар

puhdas / likainen

тоза/чиркин

täydellinen / epätäydellinen

пурра / нопурра

päivä / yö

рӯзи / шаб

kuollut / elävä

мурдагон / зинда

leveä / kapea

кушод/танг

syötävä / syömäkelvoton

хӯрданй /
хӯрданашаванда

paha / kiltti

бад/нек

innostunut / tylsistynyt

ба ҳаяҷон / дилгир

lihava / laiha

ғавс/борик

ensimmäinen / viimeinen

якум/охирин

ystävä / vihollinen

Дӯсти / душмани

täysi / tyhjä

пур/холӣ

kova / pehmeä

сахт/мулоим

painava / kevyt

вазнин/сабук

nälkä / jano

гуруснагӣ / ташнагӣ

sairas / terve

бемор/солим

laiton / laillinen

ғайриқонунӣ / ҳуқуқӣ

älykäs / tyhmä

соҳибақл / беақл

vasen / oikea

рост/чап

lähellä / kaukana

наздик/дур

uusi / käytetty

нави / истифода бурда мешавад

ei mitään / jotain

ҳеч / чизе

vanha / nuori

пир/ҷавон

päällä / pois päältä

оид / хомӯш

auki / kiinni

кушода/пӯшида

hiljainen / äänekäs

паст/баланд

rikas / köyhä

бой/камбағал

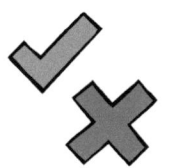

oikein / väärin

дуруст/нодуруст

karhea / sileä

дурушт/ҳамвор

surullinen / iloinen

ғамгин/хушбахт

lyhyt / pitkä

кӯтоҳ/дароз

hidas / nopea

оҳиста/тез

märkä / kuiva

тар/хушк

lämmin / viileä

гарм / сард

sota / rauha

ҷанг / сулҳ

0 nolla — нол

1 yksi — як

2 kaksi — ду

3 kolme — се

4 neljä — чор

5 viisi — панҷ

6 kuusi — шаш

7 seitsemän — ҳафт

8 kahdeksan — ҳашт

9 yhdeksän — нӯҳ

10 kymmenen — даҳ

11 yksitoista — ёздаҳ

12

kaksitoista

дувоздаҳ

13

kolmetoista

сенздаҳ

14

neljätoista

чордаҳ

15

viisitoista

понздаҳ

16

kuusitoista

шонздаҳ

17

seitsemäntoista

ҳабдаҳ

18

kahdeksantoista

ҳаждаҳ

19

yhdeksäntoista

нуздаҳ

20

kaksikymmentä

бист

100

sata

сад

1.000

tuhat

ҳазор

1.000.000

miljoona

миллион

englanti

англисӣ

amerikanenglanti

англисии амрикой

mandariinikiina

мандарини хитой

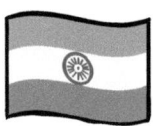

hindi

ҳиндӣ

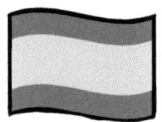

espanja

испанӣ

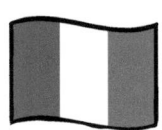

ranska

фаронсавӣ

arabia

арабӣ

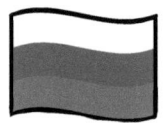

venäjä

русӣ

portugali

португалӣ

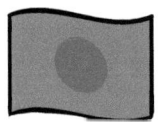

bengali

бенгалӣ

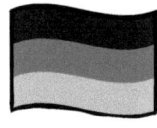

saksa

олмонӣ

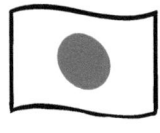

japani

ҷопонӣ

minä
....
ман

sinä
....
шумо

hän
....
Ӯ / вай / он

me
....
мо

te
....
шумо

he
....
онҳо

kuka?
....
ки?

mitä / mikä?
....
чӣ?

miten?
....
Чӣ хел?

missä?
....
дар куҷо?

milloin?
....
кай?

nimi
....
ном

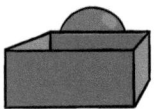

takana

аз паси

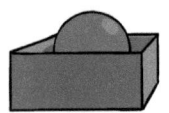

sisällä

дар

edessä

дар пеши

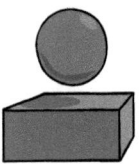

yläpuolella

дар болои

päällä

дар рӯи

alapuolella

дар зери

vieressä

дар назди

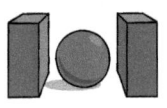

välissä

миёни

paikka

чой